El poeta en el mercado de Nueva York

Nuevas crónicas de José Martí en el *Economista Americano*

JORGE CAMACHO

Editorial Caligrama

Copyright © 2016 Jorge Camacho

All rights reserved.

ISBN-13: 978-0692705926
PRINTED IN THE UNITED STATES

Editorial Caligrama

Columbia, SC

DEDICATORIA

A Osvaldo Raya: amigo, maestro, martiano,
In memoriam.

ÍNDICE

El poeta en el mercado de Nueva York... 9

Índice general... 52

Los textos

"Las Fiestas de la Estatua de la Libertad"............................ 61

"Los anarquistas en los Estados Unidos"............................. 89

"Moralidad de la raza negra"... 92

"Recuerdo de Bartholdi"... 93

"Frutas Mexicanas"... 94

"El viaje del Sr. Charles H. Odemar"................................. 96

"¡Si están hechos para eso!"... 97

"Fuerza en la luz"... 99

"Advertencia a nuestros suscritores"................................. 100

"El servicio de vapores en México"................................... 101

"La lección de Buenos Aires" 104

"Libros Nuevos. Pifias del Ajedrez de Nicolás Domínguez Cowan. "Análisis del Juego de Ajedrez" de Andrés Clemente Vázquez.. 109

"La Plata. Countries of South America" (Los Países del Plata por E. J. M Clemens)... 112

"El primer yacht del mundo"... 115

"Nuestras gracias a la prensa de México"…………….. 118

"Henry George"………………………………………... 119

"Hotel en México"……………………………………… 132

"Un banco en Honduras"……………………………….. 133

"Cambio en el Mexican Central"………………………. 135

"El Ministro de los Estados Unidos
en Colombia"……………………………………… 137

"Teléfonos"……………………………………………… 138

"Vapores al Rio de la Plata"…………………………….. 139

"Revista del Mercado"………………………………….. 140

[Anuncios publicitarios]…………………………………. 152

El investigador James F. Shearer ha afirmado en su trabajo "Periódicos españoles en los Estados Unidos" (*Revista Hispánica Moderna*, Nueva York, n. 1-2, enero-abril de 1954), que El Economista Americano se encuentra entre aquellas publicaciones extinguidas, "de las cuales no existe actualmente, que hayamos podido averiguar, un solo número en ninguna biblioteca, Museo o archivo público en Cuba o en los Estados Unidos" (p. 50). Eso hace de este número (que se encuentra en la Biblioteca Nacional José Martí, de Cuba), un ejemplar probablemente único en el mundo.

Anuario del Centro de Estudios Martianos (1979)

El poeta en el mercado de Nueva York.

A pesar de publicarse durante tres años *El Economista Americano*, muy pocos de los textos que Martí escribió para esta revista han llegado hasta nosotros. En 1954, el crítico norteamericano James F. Shearer constataba que no existía ningún número de *El Economista* en las bibliotecas y museos de su país, y después de medio siglo este sigue siendo el caso. Sin embargo, en 1979, el Centro de Estudios Martianos publicó un número antes desconocido, con un total de dieciséis crónicas de Martí que apareció en la Biblioteca Nacional de Cuba, y según los editores del CEM era "probablemente único en el mundo".

Después de publicar dos libros con crónicas de esta revista que encontramos en periódicos de Panamá, México y Argentina, tuvimos la alegría de hallar un número más, esta vez completo y hasta ahora inédito del *Economista Americano* en el Instituto Ibero-Americano de Berlín. El principal objetivo, por tanto, de este libro es dar a conocer estos artículos y seguir indagando en la producción y distribución de las crónicas martianas en el mercado neoyorquino e hispanoamericano de finales del siglo XIX.

Como bien le decía Martí a su amigo Manuel Mercado en una de sus cartas, él escribía en este mensuario "a escondidas" y las crónicas que hemos encontrado hasta ahora aparecieron sin su nombre, pero al igual que ocurre con el único número del *Economista Americano* que teníamos hasta ahora de octubre de 1888, en el número que hemos encontrado se lee al final de la página 8, a la derecha: "responde por lo escrito en este número José Martí". Esta forma de firmar, por consiguiente, debió ser común al resto de los números, y los editores de otras revistas que recibían *El Economista* debieron saberlo porque en el número de octubre de 1887, cuando *La Estrella de Panamá* reproduce varios artículos del mensuario afirma igualmente "Escrito por la gallarda pluma de José Martí el número 9 del *Economista Americano*, correspondiente al mes pasado [septiembre de 1887], todos sus artículos son bellos en la forma y en el fondo. Véase la magnífica defensa que hace de Sud-América:" (*"Las toman donde las hallan!,"* 57).

Estas indicaciones nos llevan a pensar que Martí era el único que escribía para la revista, y que según las cartas que le escribió a sus amigos, aceptó este trabajo para ayudar al dueño y ganar un poco de dinero.

Además, cualquiera que lea estos artículos podrá darse cuenta que fueron escritos por él, ya que llevan la marca de su estilo y tocan aspectos de la vida estadounidense sobre los que escribió en otros periódicos como es el caso de los chinos, los indígenas, Helen Hunt Jackson, el terremoto de Charleston y la Estatua de la Libertad. Aun así, a diferencia de las crónicas que publicó en *La Nación* de Buenos Aires y *El Partido Liberal* de México, la mayoría de estos artículos son breves. Es decir, tienen esa característica que él apreciaba tanto de *The Evening Sun*, la "brevedad jugosa" (OC XX, 110) que le permitía al lector pasar con rapidez de un tema a otro, como era de esperarse en la agitada vida neoyorquina.

La brevedad, sin embargo, no quitaba que Martí pusiera tanto interés o razonamiento en estas crónicas como en las otras. Ni evitaba que mezclara unas largas y otras cortas como sucede en el número que hemos encontrado. Solamente quiere decir que Martí cambió de formato, posiblemente por la necesidad del mismo periódico, y esto le impulsó a ser más directo y profundizar menos en la noticia. No obstante, estas crónicas están escritas con la agudeza y el estilo impecable que le pertenece, y le ganó tantos admiradores entre sus contemporáneos, cosa que llevó a los editores de distintos periódicos de México y Panamá a reproducirlas muchas veces sin su nombre o fragmentadas.

Estos artículos tratan por lo general de temas económicos y sociales, combinando de esta forma el gusto y los intereses del público al que van dirigidos. Esto asemeja el *Economista* a otro mensuario que también Martí publicó en Nueva York durante la década de 1880, *La América. Revista mensual de*

Industria, Comercio, Agricultura, e intereses generales hispanoamericanos.

La *América* trataba también de cuestiones comerciales y servía de vitrina a los adelantos científicos y la manufactura que se producía en Norteamérica. De hecho, como ya apuntaba John Shearer, en esta época se multiplicaron las publicaciones comerciales o técnico-científicas escritas por hispanos en los EE.UU (50). Y estos artículos debieron llamar la atención fuera de este país razón por la cual fueron reproducidos en México y Panamá. *El Diario del Hogar* de México, por ejemplo, reimprimió al menos tres crónicas de Martí publicadas en *La América* en estos años. Una de ellas titulada "Un indio de México", otra con el nombre de "México de hoy" y la última conocida con el título: "Consecuencia del tratado entre los Estados Unidos y México". En la crónica titulada "Un indio de México", Martí narra cómo la red de ferrocarriles se iba extendiendo en el país azteca e iba "despertando las selvas" y a los hombres. El artículo gira alrededor de un "infeliz indio", sin ropa ni educación que vio unas locomotoras y las reprodujo pieza por pieza en miniatura. Afirma:

¿Qué hace? Aquel indio infeliz, que no sabe leer, y no tiene en su tierra por cierto talleres de maquinaria, vio andar las máquinas que están despertando las selvas de su tierra, y con todas sus piezas, había construido dos pequeñas locomotoras.

Tomó el viajero al indito por el brazo, lo vistió de señor, le sacó pasaje, con permiso de sus gentes, en el Ferrocarril de México a los Estados Unidos, y el indito está aprendiendo a gran prisa, maquinaria, en los talleres de Baldwin, en Philadelphia.(*El Economista Americano en México*, 112)

Con esta breve anécdota, por consiguiente, Martí está llamando a la necesidad de educar a los indígenas de México en las nuevas tecnologías. Está mostrando que eran "civilizables", y que además, el ferrocarril era un adelanto apreciable ya que venía a "despertar las selvas" de su letargo ancestral. Venía a despertar a los hombres y a demostrar que México crecía a pasos agigantados durante el Porfiriato. No ve por eso la modernidad ni las máquinas como monstruos, ni males que trae consigo el mundo moderno, sino como proveedores de felicidad, progreso y mejoras de vida para todos ("A Paradigm for Modernity").

No extraña entonces que la mayoría de las crónicas del *Economista Americano* y *La América* que aparecieron en México traten de algún aspecto de la política comercial o la cultura azteca relacionada con los Estados Unidos, ya que ambas brindaban datos recientes, explicaban la política norteamericana y su relación con Hispanoamérica.

Como resultado Martí escribió crónicas y noticias sobre el

tratado comercial entre ambos países, sobre la línea de ferrocarril que conectaba a Nueva York con México. Escribió sobre las huelgas en los Estados Unidos, los anarquistas y la línea de vapor Trasatlántica, entre muchos otros temas. Es decir, escribió sobre maquinarias, instituciones y productos que los lectores en Hispanoamérica podían utilizar o poner en práctica en sus países. Todo lo cual nos dice que ambas revistas eran una especie de puente comercial y cultural con Latinoamérica y que Martí vendría a ejercer en ellas la función del empresario o analista que anuncia lo que había de nuevo a ambos lados de la frontera. No por gusto el artículo titulado "Un indio de México" termina con el siguiente párrafo:

> Algunos de nuestros países, y todos debieran ser, tienen, como Chile, una red de agencias de inmigración en Europa: y está bien, porque la buena inmigración nos hace falta; pero otra cosa estaría aún mejor: establecer escuelas normales de maestros indios, y maestros viajeros que fuesen enseñando por los pueblos de indios, y escuelas agrícolas para los indios.(*El Economista Mexicano*, 112)

Martí, por otra parte, no era el único escritor que ejercía esta función de bisagra o que escribía artículos que otros periódicos reproducían más tarde. Por la misma época otros hacían lo mismo en Nueva York y publicaban sus colaboraciones en el *Diario de la Marina* de La Habana, *El*

Nacional y el *Diario del Hogar* de México. Entre ellos estaban el cronista español Cuyás Armengol, y la cronista llamada "Charo" que mandaba dos crónicas mensuales sobre la ópera, la política y la moda neoyorkina al *Diario* de Filomeno Mata. Este diario, dedicado a la familia, reproducía anuncios publicitarios de máquinas de coser fabricadas en Europa como la "Frister & Rossman", mientras que *La Estrella de Panamá* publicaba avisos de la "Domestic" y "La Avery", la compañía de máquinas de coser de la Avery Machine de Nueva York. El mismo periódico también anunciaba máquinas hidrostáticas, prensas, sacabocados, gatos y acumuladores de Watson & Stillman y numerosos otros productos que se ofertaban al público hispanoamericano.

Las crónicas de Martí y otros escritores radicados en Norteamérica durante este tiempo servían, por tanto, de acompañantes de estas mercancías. Hablaban de la vida, la economía, la política y la cultura norteamericana, por lo cual servían de vehículo para la expansión del capital financiero, los equipos y los productos farmacéuticos estadounidenses.

Entre los anuncios que publicaba *La Estrella de Panamá* podemos citar los "legítimos cinturones eléctricos del Doctor Scott" para señoras y caballeros, la "zarzaparrilla de Bristol" que se anunciaba como "el gran purificador de la sangre y los humores" y "el aceite de Bacalao puro" para fortalecer "la débil constitución de los párvulos". Uno de los principales exportadores de estos productos era la firma neoyorkina Lenmam & Kemp—Barclay de Nueva York, para la cual trabajaba el poeta venezolano Juan Antonio Pérez Bonalde.

Pérez Bonalde, quien era amigo de Martí, llegó a los EE.UU. en 1870 y muy pronto se convirtió en un empleado de Lenmam & Kemp. Su función era escribir en "siete idiomas" los anuncios publicitarios de los productos que esta firma vendía en Cuba, Colombia y México. Pérez Bonalde, además de escribir el poema "Al Niágara", para el cual Martí escribió el famoso prólogo, fue traductor de Heinrich Heine, y al momento de publicar su libro de poemas traducido del alemán, uno de los dueños de Lenmam & Kemp--Barclay fue quien costeó la edición de lujo. Por eso, en la primera página de *El Cancionero de Heine*, Pérez Bonalde le da las gracias a Edward Kemp "mecenas generoso de esta obra".

Esta compañía, además de vender medicinas en varios países de Hispanoamérica, publicó el popular *Almanaque Pintoresco de Bristol*, famoso en su época e incluso en el siglo XX, donde aparecían obras de ficción junto con avisos publicitarios. Martí en una de sus cartas a Bonalde, le manda un párrafo que otro escritor argentino de la época, Miguel Cané, había escrito sobre él y le dice:

Bonalde:

En la página 291, capítulo «La inteligencia» del libro que Miguel Cané, el sincero y discreto argentino acaba de publicar en París: *En viaje*, encuentro estas líneas, hablando de Pombo.

«Con más suerte que Pérez Bonalde, el admirable venezolano, el único que ha vertido a Heine dignamente al español, y que hoy fabrica con toda tranquilidad en New York los avisos de la casa Lanman y Kemp en siete idiomas, Pombo se puso al habla con los editores de Appleton y Co., que entonces publicaban esos cuadernos ilustrados, con cuentos morales, que todos hemos visto en manos de los niños de América entera.» (OC 28, 374)

Lamentablemente, Pérez Bonalde murió todavía joven, víctima precisamente de las drogas, que estaban también en el mercado e incluso formaban parte de algunos productos que vendía esta casa farmacéutica, que no era la única en el negocio, ya que también se publicitaban en el *Economista Americano*. El "Vino Mariani," el cual Martí consumía con frecuencia, por ejemplo, estaba hecho también con la planta de la coca, y el "Vino Natural Cabo Rosas", se vendía en la droguería "la Profesa" en México y se anunciaba en *El Diario del Hogar*. Ambos servían de estimulantes y lo tomaban lo mismo enfermos que convalecientes.

Cuando Martí le envía el párrafo del libro de Miguel Cané a Pérez Bonalde, le dice que no lo hace por lo de los "avisos", sino por lo de "poeta admirable" (*OC* 28, 374). Aun así, hay que reconocer que estos anuncios no tenían el único fin de ayudar a vivir a estos escritores, sino que también servían para costear las revistas y los libros que publicaban. Por eso en la contraportada de la revista para niños *La Edad de Oro* (1889) de Martí aparecen anuncios de "Colgate co." y "New York Life Insurance," y las últimas páginas de este número del *Economista* están llenas de propagandas de máquinas de trabajo, lámparas, tranvías y teléfonos.

Lo más importante de subrayar, por eso, para los fines de este ensayo es la labor de estos escritores en la gran urbe norteamericana, alrededor de revistas hoy día desaparecidas o muy difíciles de encontrar como *El Economista Americano*, *La América*, *la Revista Ilustrada* de Nueva York, y *La Ofrenda de Oro*, ya que por estar escritas en español o por tener un carácter efímero, estas revistas no fueron guardadas por coleccionistas en bibliotecas ni museos, y fueron desechadas rápidamente. Por eso decía James Shearer que el "investigador que trabaja en este campo tiene que luchar continuamente con la falta irritante de materiales" (50).

Estas revistas o los números que nos han quedado de ellas, muestran, no obstante, que a finales del siglo XIX existía una vibrante vida cultural hispana en Nueva York, donde los escritores se reunían en tertulias, alrededor de revistas e instituciones como la Sociedad Literaria Hispanoamericana fundada en 1887. En estos espacios los escritores exiliados o los que estaban de paso por la ciudad, compartían sus trabajos y se apoyaban mutuamente. Así, en *La Revista Ilustrada* (1882-1894) y *Las tres Américas* (1893-1896), que editaba el venezolano Nicanor Bolet Peraza, publicaban sus trabajos Rubén Darío, Manuel Gutiérrez Nájera, José Martí, Santiago Pérez Triana y muchos otros de reconocida importancia. Por eso, cuando Martí escribe en uno de sus artículos de *El Economista Americano* sobre fotógrafos, y pintores que estaban abriéndose paso o teniendo éxito allí, se queja de no poder mencionarlos, y aun así señala:

> No somos periódico de arte: nos falta espacio, pero nos sobra legítimo orgullo en todo cuanto realza a nuestras tierras en esta; así que vemos con placer la aplicación con que varios jóvenes artistas de nuestros países, pintores, dibujantes, escultores, fotógrafos, van levantando aquí sus talleres unos con brisas favorables, otros entre corrientes de tormenta, con una asiduidad, con un empuje, con una terquedad gloriosa, que ponen muy alto las capacidades trabajadoras de nuestra raza.

(*La estrella de Panamá*, 3)

Seguramente eran muchos los nombres que Martí debió recordar en ese momento ya que en efecto, durante esta época vivían y tenían éxito en Nueva York pintores como Guillermo Collazo (1850-1896) y fotógrafos como José María Mora (1868-1895), cada uno de los cuales estaban entre los más importantes de Cuba en ese momento. Especialmente José María Mora, quien tuvo un gran éxito en los Estados Unidos y llegó a ser el fotógrafo escogido de las actrices y familias ricas como los Vanderbilt, de quienes Martí casualmente escribe otra crónica en este número. Según David S. Shields, Mora fue el más "diplomático y poético de los fotógrafos de teatros y celebridades de finales del siglo XIX en la ciudad de Nueva York" y junto con él trabajó Collazo haciendo los telones de fondo para las fotografías de estudio. Sin embargo, Martí no menciona a ninguno y solo dice que ésta no era la revista para hacerlo.

Al igual que Pérez Bonalde, por consiguiente, Martí escribió o tradujo también anuncios publicitarios para la revista *La América* de Nueva York, pero no se limitó a ello. Hizo también traducciones para la Casa Appleton, y editó dos revistas sobre asuntos económicos y mercantiles con los cuales no estaba familiarizado. Entre los anuncios que redactó para *La América* hay uno dedicado a las máquinas de hacer ejercicios llamadas "Gifford," una especie de gimnasio doméstico, que él alaba y recomienda a sus lectores porque "en estos tiempos de ansiedad de espíritu, urge fortalecer el cuerpo que ha de mantenerlo" (*OC* 18, 23). Martí titula este anuncio "El Gimnasio en la Casa" y dice:

> En esta misma plana publicamos hoy grabados diversos de un gimnasio doméstico, que ha de ser mirado, más

que como artículo de comercio, como una buena obra. Y en la Habana, en casa de los agentes de LA AGENCIA AMERICANA, Sres. Amat y Laguardia, puede verse. //No tiene término la enumeración de sus bondades. Es útil, y es artístico, que es otra manera de ser útil. Hay en el ser humano deseos vehementes de gracia y armonía, y así como se lastima y queda herido de no verlas realizadas, así se alegra y queda fuerte, cada vez que las halla. El color del aparato es blanco y agradable a los ojos. (*OC* 18, 25)

Como puede apreciarse por la publicidad, y los dibujos que se publicaron de las máquinas, y que no aparecen en las *Obras completas*, ésta consistía en un total de doce aparatos que permitían realizar varias combinaciones de ejercicios que según Martí, ayudaban a fortalecer el cuerpo y calmar la "ansiedad del espíritu". Es decir, la máquina era útil porque era artística y proveía al cliente con un remedio para otro de los males de la vida moderna. Vendía salud, con lo cual el escritor y el poeta se ponían en función del mercado y de la salud del cliente. Después de todo, estos periodistas eran los que conocían mejor a los clientes potenciales en ambos lados de la frontera, quienes anunciaban los máquinas y quienes se sumaban de esta forma al ejército de intermediarios que vendían estos productos fuera de los EE.UU.

En el número que hemos encontrado podemos ver que

Martí escribe también varios anuncios. Uno de ellos está dedicado a las lámparas que habían salido al mercado, y los otros a los teléfonos acústicos, y un hotel de México que él le recomienda a sus lectores.

Esta función del escritor como bisagra comercial por tanto, fue una de las dinámicas que acompañó el proceso de la modernidad en Hispanoamérica en el cual se insertó el Modernismo y especialmente Martí. Consistía en elaborar crónicas, redactar avisos, traducir artículos interesantes para el público hispanoamericano y crear un consenso alrededor de ciertos temas, ya sean políticos o sociales. Es decir, formaban parte del mercado laboral neoyorquino en una época en expansión de intereses y redes comerciales, en el cual elaboraban artículos, los "exportaban" al continente y como resultado recibían un sueldo que también estaba sujeto a los altibajos del mercado y a la depreciación de la moneda.

En términos generales, podríamos decir, estas crónicas seguirían el mismo recorrido y reproducirían la misma lógica mercantil de otros productos manufacturados que se vendían en muchas partes del mundo como parte del proceso de globalización que se originó a finales del siglo XIX.

Martí y los otros escritores que escribían con el público latinoamericano en mente, estaban, por consiguiente, muy conscientes de a quiénes servían y cuál era su función, ya que como dice en otra nota de *La América*, la revista se proponía ser "intérprete y representante mutuo de los intereses mercantiles de ambas Américas" (*OCEC* 18 244). Por esta razón encontramos al final de este número de noviembre de 1886 del *Economista Americano*, varios anuncios publicitarios dirigidos al público hispano. Uno de ellos dice lo siguiente:

> Deseamos establecer correspondencia con los *comerciantes y* las personas interesadas en la agricultura y la jardinería con la mira de propagar más extensamente el uso en México y Sur América, del CULTIVADOR Y AZADON DE PLANET, Jr. para caballo. Este instrumento se emplea generalmente en los Estados Unidos para el cultivo del maíz, algodón, papas, tabaco, frijoles, chícharos y todos los demás frutos que requieren el uso del azadón, pues hace el trabajo igual al de la mano y realiza una grande economía de tiempo y dinero. Se remiten GRATIS, catálogos descriptivos, con lista de precios, y más de 40 grabados. (*El Economista*, 11)

Los interesados en este y otros productos debían contactar al dueño del *Economista Americano*, P. Philippson, cuya compañía se promocionaba como "agentes para la exportación". Lógicamente, no todos los que se dedicaban a este oficio tenían el talento de Martí o Pérez Bonalde o escribieron artículos que fueron reproducidos o pagados por periódicos fuera de los Estados Unidos. No obstante, seguramente todos estaban conscientes del privilegio de vivir en uno de los centros de la modernidad internacional, en la juntura de ambas culturas, y en el centro informativo más importante de América. De modo que no extraña que hayan usado esa posición para insertarse en las dinámicas mercantiles de finales de siglo.

En esta época, recordemos, los EE.UU. habían alcanzado un importante auge económico, social y tecnológico que se reflejaba también en las comunicaciones. Según Jonh Britton en *Cables, Crises, and the Press: The Geopolitics of the New Information System in the Americas, 1866-1903*, este desarrollo permitió un "nuevo sistema de información" alimentado por una extensa red de cables submarinos que unían a los seis continentes (1). En la década de 1870, dice Britton, "la América latina tenía conexiones por cable con Europa, los Estados Unidos, y a través de las conexiones europeas, con África y Asia" (6). Miles de millas de cobre revestido rodeaban el continente americano y permitían comunicaciones más rápidas y seguras. Para los años de 1890, incluso, con las mejoras tecnológicas que fueron introduciéndose en esta industria, las comunicaciones por cable fueron aún más rápidas y menos costosas. Los periodistas, "hicieron uso más frecuente de la red de cables en uno de los negocios más competitivos del siglo diecinueve: la circulación masiva de periódicos" (Britton 7).

No debe causar asombro, entonces, que Martí estuviera

particularmente interesado en estos cambios y prestara atención en sus crónicas al desarrollo de las agencias cablegráficas. Entre ellas la agencia de Galveston, radicada en Texas y la Agencia de Godoy de telegrafía a la que estaban suscritos varios periódicos en México.

En una de sus crónicas para *La América* fechada en octubre de 1883, afirma "Ya quedan ligados por cable directo el Brasil y los Estados Unidos [...] Esta línea a Río, con sus conexiones, cubre 5 600 millas de cable submarino, vía Galveston, y 567 millas de alambre terrestre, relacionadas con 20 000 millas de telégrafos en México y Centro y Sud América" (*OCEC* 18, 179). Asimismo, en otra crónica titulada "telegrafía por cable", dice que "según los experimentos para averiguar la rapidez con que trabajan los cables de Jay Gould, que atraviesan el Atlántico desde Penzance hasta Canso, Nueva Escocia [...] la rapidez con que se trasmiten mensajes a través del Atlántico, es de dieciocho palabras de cinco letras por minuto".[1]

Y en efecto, el 28 de octubre de 1882, el *Papel Periódico Ilustrado* de Bogotá, publicó un mapa con "los cables submarinos de la América del Sur" donde pueden verse las

---

[1] Encontramos esta crónica en la edición digital para celulares de las *Obras completas edición crítica*, tomo 18. No obstante, esta y otras cinco crónicas no aparecen en el volumen correspondiente en papel editado por el mismo CEM, 2011.

líneas de cobre que recorrían las costas hispanoamericanas. Fue tanto el interés de Martí en el desarrollo de esta tecnología y en el nuevo sistema informático, que sus crónicas y poemas muestran esta ansiedad. Léase, por ejemplo, el inicio del poema "Amor de ciudad grande", donde la velocidad con que se transmiten las noticias son un símbolo de la rapidez de la vida moderna:

> De gorja son y rapidez los tiempos
> Corre cual luz la voz; en la alta aguja
> Cual nave despeñada en sirte horrenda
> Húndese el rayo, y en ligera barca
> El hombre, como alado, el aire hiende. (*OCEC*, 14 154).

En este poema, fechado en Nueva York, "corre cual luz la voz" es una perífrasis para hablar de la velocidad con que se transmite la información y al mismo tiempo, es un ejemplo de la vida acelerada de la gran ciudad. Son tecnologías que junto con el pararrayos, los barcos de vapor, y los trenes iban inundando el paisaje y mejoraban la vida de los ciudadanos como era la esperanza de muchos liberales, científicos e intelectuales. Aun así, no estaban desprovistas de crítica, y por ejemplo, en su prólogo al "Poema al Niágara" de Pérez Bonalde, cuya versión original combina grabados del ferrocarril y la catarata, superponiendo de esta forma lo antiguo y lo moderno, el paisaje natural y el tecnológico, Martí habla de "tiempos ruines," pero también de la efervescencia que traían los medios. Hace una similitud entre el ferrocarril y la imprenta. Afirma: "los ferrocarriles echan abajo la selva; los diarios la selva humana" (OC 7, 227). Y continua afirmando:

> Todo es expansión, comunicación, florescencia, contagio, esparcimiento. El periódico desflora las ideas grandiosas. Las ideas no hacen familia en la mente, como antes, ni casa, ni larga vida. Nacen a caballo, montadas en relámpago, con alas. No crecen en una mente sola, sino por el comercio de todas. No tardan en beneficiar, después de salida trabajosa, a número escaso de lectores; sino que, apenas nacidas, benefician. (OC 7, 227).

Era de suponer, entonces, que estos cambios trajeran consigo desequilibrios emocionales, "cansancios del cerebro", neurosis, fatiga, "demencia" y el desgaste físico, que la industria y las ciencias trataron rápidamente de resolver, capitalizar, y administrar a través de la introducción en el mercado de maquinarias para hacer ejercicios, cinturones eléctricos, medicinas y estimulantes para los nervios.

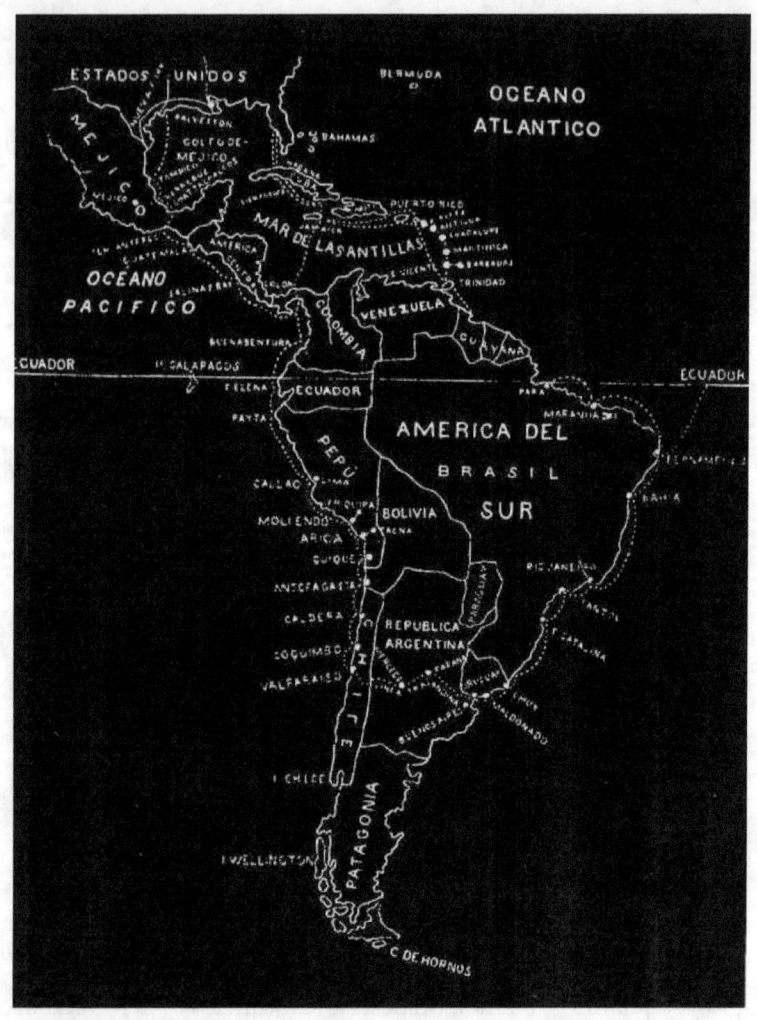

("Los cables submarinos de la América del Sur". 28 de octubre de 1882, el *Papel Periódico Ilustrado de Bogotá*. Cit. en Robert Glickman *Vestales del Templo azul*)

En todo caso, Martí alaba este mundo moderno. Alaba la florescencia de las ideas, la libertad de crear y el poder trasmitir los conocimientos de un lugar y de una persona a otra, independientemente de la clase social a la que perteneciera. Por eso decía que el hombre "echa por los mares sus serpientes de cabeza parlante, que de un lado se prenden a las greñas agrestes de Inglaterra y de otro a la riente costa americana" (OC, 7 228).

Estas "serpientes parlantes" eran los cables submarinos que al igual que las otras máquinas de la modernidad hacen estallar su imaginación poética y conectan los escritos modernistas con los de la vanguardia de principios del siglo XX (Camacho "A Paradigm for Modernity" 333-336). Dado, por consiguiente, este interés y el papel de intermediario que tenía Martí entre los Estados Unidos y Latinoamérica, no extraña que el cubano estuviera tan interesado en las ventajas que podía darle vivir en Nueva York, y viera cómo competir mejor con el producto que ofrecían estas empresas.

Tal es así, que en una de sus cartas a Manuel Mercado, Martí le pide que le consiga un nuevo contrato con *El Partido Liberal* de México, para el cual ya escribía dos cartas mensuales. Le dice que con este nuevo contrato él podía mantener un "servicio diario" o "una columna diaria" sobre diversos temas que tuvieran que ver con la cultura y la política europea, y que incluso estos artículos podían aparecer sin su firma. Le dice:

> irían en esos artículos muchas cosas de Europa, **que el cable llega allá en esqueleto, pero aquí llegan en cartas telegráficas largas y especiales, de modo que yo, con lo que dicen y lo que sé de Europa, puedo vestirlas** —teatro, política, exposiciones, crónica corriente— y mandarlas a Méjico, como si se tomasen de los periódicos del país, mucho antes de que los periódicos llegasen, y antes que ningún periódico las tuviese, **porque aquí las trae el cable con seis días por lo menos de anticipación** […] y así podría ahora emplear en trabajo más simpático el tiempo que empleo en traducciones mortales de hierros y tuercas, o en buscar traducciones que no vienen. (*OC* 20, 140-141; énfasis nuestro)

Esto lo escribe Martí en marzo de 1889, es decir, cuando recién había cesado de publicarse *El Economista Americano*, y se había quedado sin el salario que recibía de publicar sus artículos en este mensuario. Desconocemos, no obstante, si alguna vez llegó a publicar esa "columna diaria" sin su nombre y sobre temas europeos en el periódico azteca. De lo que sí podemos estar seguro es de las ventajas de tiempo y cantidad de información que podía recopilar en Norteamérica como él mismo le dice a Mercado.

Si Mercado le hubiera conseguido este nuevo contrato tal vez estas crónicas no habrían sido tan extensas como las que mandaba a la Argentina y al propio *Partido Liberal.* Y si se publicaban todos los días con otra de las suyas, hubieran ocupado gran parte del periódico ya que este solamente tenían cuatro páginas y la última la dedicaba a los anuncios publicitarios.

Mas allá incluso de si consiguió o no publicar estas crónicas en México, lo importante de señalar es su conocimiento del mercado, del oficio que tenía, de las agencias de cable y de transporte que transmitían la información. Sus crónicas proveerían de esta forma al periódico de una ventaja sobre sus rivales, que a pesar de tener un servicio diario telegráfico, uno de media noche, otro de mañana y otro de tarde, no podían producir artículos como los suyos.

Esto significaba que tanto él como los otros cronistas que escribían desde Nueva York, tenían competencia y una ventaja sobre los hispanoamericanos. Primero por estar en los Estados Unidos, y por tener acceso a una información que no tenían los otros. Segundo, porque competían entre ellos, y con las agencias telegráficas por cable que mandaban la noticia en "esqueleto". Tercero, que tenían competencia también con los otros escritores europeos y nacionales cuyos artículos, a veces traducidos, se reimprimían en los periódicos y revistas sin pagarles. Artículos que tomaban los editores lo mismo de *El Fígaro* de Francia que de *La Época* de Madrid. Estos, por lo general, eran redactados por escritores de renombre como Alejandro Dumas, Emilia Pardo Bazán, Julio Verne y Catule Mendes. Del tercero de ellos el *Diario del Hogar* publicó, por ejemplo, "Las tribulaciones de un Chino en China".

Sin duda, entonces, las nuevas tecnologías, la fácil distribución de la noticia y el libre acceso a la información que era en esta época "propiedad común" hicieron que la profesión de cronista fuera una de las más competitivas a finales del siglo XIX, y que estos avances, como dice Christopher Wilson en *The Labor of Words*, trajeran a la larga una "merma de su valor financiero y competitivo" (33).

Un caso interesante entre los escritores hispanos que vivían en Nueva York en esta época, era el de Arturo Cuyás Armengol que escribía con el seudónimo de K Lendas para *El Cronista* y *Las Novedades* de New York, y el *Diario de la Marina* de La Habana.

Sus crónicas eran muy populares en México y eran reproducidas por varios periódicos. Cuyás Armengol, quien publicó un libro en la misma casa editorial en la que Martí publicó *Ismaelillo* (1882), Thomson & Moreau, conocía al cubano y llegó a tacharlo de "dislocado y epiléptico" en uno de sus artículos del *Diario de la Marina* (Ette 37). A diferencia de él, Cuyás Armengol era un defensor de la causa colonial, y su estilo era sobrio y menos lírico que el del cubano. Sus crónicas estaban bien informadas de lo que sucedía en Norteamérica, eran fáciles de leer, y al igual que las de Martí aparecían con frecuencia en México.

En el caso del cubano, la mayoría de los artículos que fueron "pirateados" y aparecieron en revistas de México y de Panamá, no aparecen con su nombre sino con el nombre de la revista que los publicó, (*La América* y *El Economista Americano*) lo cual era algo común en su tiempo y una técnica que el mismo Martí usó cuando recogía artículos y noticias de revistas norteamericanas.

Por esta razón muchas crónicas de Martí combinan sus propias ideas con las que expresaron otros periodistas que accedían a la misma información a través de las agencias de cable o los diarios ya que como se sabe por las mismas cartas de Martí al editor de *La Nación* de Buenos Aires, el cubano no fue quien reportó originalmente muchas de las noticias que comentaba (por ejemplo, la que trata sobre el terremoto de Charleston). Y su labor se reducía muchas veces a leer estos artículos en la prensa y reescribirlos usando su estilo y su propia perspectiva ideológica. Es decir, Martí era un reportero de reporteros.

Tómese el caso de la reseña titulada "Cansancio del Cerebro", basada en el libro del mismo nombre, escrito por el cirujano norteamericano J. Leonard Corning, quien había trabajado en el Hospital del Estado de Río Hudson para Discapacitados Mentales. La reseña que publicó Martí en *La América* de Nueva York, sobre este libro dice:

CANSANCIO DEL CEREBRO

J. Leonard Corning acaba de publicar, por medio de la casa de Appleton, un libro sobre "Cansancio y agotamiento del cerebro," que parece notable. Jamás, dice con razón el autor del libro, han tenido que pensar los hombres tanto como ahora; ni tampoco han sido jamás tan numerosos los factores que ejercen una influencia dañosa en el mecanismo cerebral. Todo empuja, precipita, exaspera, exacerba, arrastra. Se tiene miedo de quedarse atrás. Se quiere ir, por arrogancia humana y por tener segura la subsistencia, al nivel de todo lo que se ve. Todo es ferrocarril, teléfono, telégrafo. La actividad es tremenda, el sueño inquieto, el ansia permanente. Las fuerzas no se reparan en el grado en que se pierden. Se siente que la vida en estas grandes ciudades se consume, adelgaza y evapora. La situación general mejora; pero antes que ese cambio favorable en la condición humana quede definitivamente asegurado, muchos habrán perecido en esta carrera vertiginosa en que se está haciendo la mudanza. Ni médicos ni fisiólogos niegan que la demencia, como una enfermedad, ha sido nunca tan frecuente como ahora. Y es que falta también, en la mayor parte de los individuos, la esperanza en lo futuro, por lo que se dan con prisa de avariento a los goces que se tienen a la mano en esta vida.

El libro nuevo de Corning es bastante leído. Funda sus cálculos en la ley de la convertibilidad de las fuerzas. Sube y baja la energía en el cerebro con tanta regularidad como asciende y desciende la marea. Corning saca juiciosas deducciones de la comparación estrecha y sostenida entre esta acción física de la naturaleza y la acción cerebral. "Si puede demostrase -dice-que una libra de fuerza es la suma exacta de los factores que han concurrido en producirla, así puede demostrarse que la capacidad del cerebro para el trabajo es susceptible de ser calculada con tal aproximación, que sea una guía fidedigna para todas las resoluciones en que este dato tenga que ser tomado en cuenta." De cifras parecen, más que de palabras, las páginas del libro, y como operaciones matemáticas desenvuelve Corning sus vigorosos argumentos. El laboratorio ha entrado ya en la literatura.

Considera el autor las varias causas que conducen al

apocamiento del cerebro: el hábito de fumar, el abuso de los goces sexuales, la irregularidad de los hábitos, el recargo del trabajo, ya mercantil o literario; la prisa y el desbarajuste, los falsos métodos de educación; y en esta interesante parte ocupa la mayor y no la menos notable porción de su libro. Concluye con un resumen de los principios de la higiene del cerebro; y enseña cómo puede remediarse el cansancio cerebral antes de que llegue a ser tal que ya no tenga remedio.

En este libro se estudian: la relación de la sangre a los músculos y al cerebro; la del alimento a los fenómenos mentales; los beneficios del descanso; la medicación especial que al cerebro conviene.

"El libro -dice el *Eclectic Magazine*- está admirablemente escrito. El estilo es simple, directo, lúcido, como conviene a una obra de enseñanza, sin muchos términos técnicos, ni esas lógicas en que los pedantes se deleitan y sólo están bien para la gente de la profesión. No se necesita ser médico para leer con interés esta obra. Todo hombre pensador puede leerla con placer y provecho. Todo el que trabaja con el cerebro (y hoy no hay quien lo tenga desocupado) sacará ventaja del estudio de este libro."

(*OCEC* 18, 256-257)

Hasta aquí la reseña de Martí, que como se ve por el

mismo artículo, menciona al final otra que había aparecido en la revista *Eclectic Magazine*. Si se comparan ambas, sin embargo, hay que decir que realmente es mucho más lo que Martí debió poner entrecomillas o citar, ya que casi el 80 por ciento de su reseña está tomada directamente de la que publicó su colega, lo cual nunca se aclara en el texto. Por el contrario, Martí da la impresión que él mismo leyó el libro y que coincide con lo que dice el otro autor, cuyo nombre tampoco aparece en la nota. Para comprobarlo, léase ahora la reseña original, en inglés, donde he subrayado los fragmentos que Martí levantó y tradujo.

BRAIN EXHAUSTION. With some preliminary considerations on CEREBRAL DYNAMICS. By J. Leonard Corning, M.D., formerly Resident Surgeon to the Hudson River State Hospital for the Insane, Fellow of the N.Y. Academy of Medicine, etc. New York: D. Appleton & Co.

Never before in the history of the race did the world live so fast as now. Railways, telegraphs, telephones, fast ocean steamers, and the almost innumerable appliances of machinery to every purpose of life except the most fundamental functions, find a corresponding acceleration in all the social habits of civilized man. The tremendous activity to which the brain is impelled by present conditions, carrying with it a corresponding amount of fret and worry, which wear out the human ant as he rushes to and fro even more than work, offers a very serious problem. **The increase of "dementia" as a disease is a recognized fact by physicians and other students of vital statistics.** The field of physiological research undertaken by the author of the present volume "transcends, as he very justly claims, all others in importance * * * the economical questions involved in normal and morbid intellection." He goes on to say: "The demands upon the thinking apparatus have never been greater than at present; but at the same time the factors which exert a prejudicial influence on the cerebral mechanism have never been more numerous."

The author begins by laying a broad foundation for his deduction in considering the law of the convertibility of forces to the dynamics of the brain. The doctrine of the "conservation of force" is now a well-established principle in physics, and its application to the flow and ebb of brain energy can be indicated with almost as much accuracy as the flow of the tides. The parallelism between inanimate physics and cerebral action is closely followed by our author and with excellent results. If

it can be shown that a foot-pound of force is the exact sum of the factors which enter into it, so it can be shown that the capacity of the brain for work is also so proximately estimated as to be trustworthy for all practical purposes.

Dr. Corning proceeds to classify his facts which appear to be drawn from wide experience and study, and to marshal them with skill of a trained scientist. He first considers the various existing causes which conduce to brain exhaustion in the physical sense, such as alcohol drinking, tobacco, excessive sexualism, irregular hours, etc., in the mental sense, over-work whether in study and business, fret and worry, false educational methods, etc. These chapters make up a large part of the body of the book. He concludes with a summary of the principles of brain-hyienics, and indicates very clearly how brain exhaustion may be remedied before the final and inevitable result comes. In these latter chapters the author discusses the relation of blood to muscle and brain, the relation of food to mental phenomena rest, special medication, etc. The book is admirably written. The style is simple, direct, lucid, with as much avoidance as possible of technical terms and purely professional logic. It is a timely work, which every thinking man can read with interest without being a physician. Brain-workers everywhere, and in these days every man must be a brain-worker if he would rise above the condition of the day-laborer or mere mechanic, can study this able digest with both profit and pleasure. (*Eclectic Magazine* 860-61)

El libro, por tanto, trata de un tema muy familiar a Martí que es la influencia de la época de remolde, ("tiempos ruines" como diría en el Prólogo al "Poema del Niágara") en el individuo. Tiene por eso una evidente conexión con su poema "Amor de ciudad grande", y las críticas que hicieron muchos autores a los desajustes que trajo consigo la Modernidad, que aquí dan pie a un discurso médico sobre el "cansancio del cerebro". Por eso Martí dice: "Todo empuja, precipita, exaspera, exacerba, arrastra. Se tiene miedo de quedarse atrás. Se quiere ir, por arrogancia humana y por tener segura la subsistencia, al nivel de todo lo que se ve. Todo es ferrocarril, teléfono, telégrafo." No obstante, si se comparan ambos textos puede verse que las partes que he subrayado proceden de la que publicó la revista norteamericana, que era una revista dedicada "a la literatura extranjera, la ciencia y el arte" como reza el subtítulo. Por lo cual no hay dudas que Martí copia, parafrasea y agrega comentarios a los artículos que encontraba en la prensa estadounidense y que estos textos forman parte de las revistas que editaba. Al hacerlo, mantenía a sus lectores informados de lo que se publicaba en los EE.UU. y al mismo tiempo, encontraba materiales gratis, bien escritos e interesantes con los cuales componer el mensuario.

Desde nuestra perspectiva contemporánea, sin embargo, es cuestionable que haya hecho un uso tan extenso del texto original, y más aún que nos haya hecho creer que leyó este libro y nos dé su opinión sin haberlo hecho seguramente. Lo cual, convierte este texto en una reseña de otra reseña donde cuanto más, podemos apreciar la pericia del traductor y su coincidencia de temas. Por eso es importante recordar que el uso o reproducción de textos de un escritor u otro era frecuente en las revistas de la época donde no estaban todavía establecidos los derechos de autor y los periódicos se servían como querían de las noticias.

Con esto he querido demostrar como el periodismo de la época, y en especial Martí, se apropia de textos de otros periodistas, los reelabora, y se los entrega al lector como un objeto nuevo, intelectualmente manufacturado en los EE.UU que luego vende en el mercado hispano en ambos lados de la frontera y recibe un dinero por ello a cambio. En ese proceso Martí le agrega nuevos valores a esta mercancía que es la noticia "vestida" o el artículo de opinión escrito de forma poética. Tiene, por supuesto, que traducir la base de la información del artículo de otros periódicos, a los que no tenían acceso la mayoría de los hispanoamericanos. Tiene que agregar metáforas y giros lingüísticos propios de su estilo, que le dan belleza y realzan la crónica como lo hiciera un "escultor". Por último, tiene que agregarle también una perspectiva ideológica que entra dentro de las corrientes de pensamiento hispanoamericano de su tiempo, -ya sea si hablamos de la importancia de la tecnología moderna (el cable, el ferrocarril, la máquina de hacer ejercicios), del 'antiyanquismo', del consumismo, de la cultura popular moderna, o de los nuevos métodos de educación de los indígenas. Estos artículos al ser reproducidos en revistas de Panamá y México ayudaron asimismo a crear una especie de consenso sobre estos y otros temas, al mismo tiempo que fomentaban una identidad de lo "nuestro" versos el "ellos" de los EE.UU., más allá de las fronteras nacionales de cada país.

Al analizar sus crónicas, por tanto, debemos estar conscientes de que estamos frente a un producto intelectual altamente elaborado. Un producto que ha pasado por un proceso de "remolde," en el cual muchas veces no está claro dónde termina el texto que le sirvió de base y dónde comienza a hablar él. Es decir, estamos frente a un producto más del mercado de bienes y consumo de finales del siglo XIX, producido en el centro de la modernidad y exportado a la periferia. Naturalmente, si no tenemos el artículo original donde Martí se basó para redactar su crónica, no podemos saber realmente donde establecer estos límites. No obstante, en algunos casos, como en la crónica dedicada al terremoto de Charleston y la reseña sobre el libro de Leonard Corning, sí podemos confrontar ambos textos y llegar a entender este proceso.

Un número extraordinario

Como dije al inicio de este ensayo, el principal objetivo de este libro es dar a conocer un número hasta ahora desconocido de *El Economista Americano* que encontramos en el Instituto Ibero-Americano de Berlín.

El ejemplar pertenece al mes de noviembre de 1886, del que no conocemos ningún otro artículo reimpreso en otra revista. En la primera página aparece una extensa crónica sobre la inauguración de la Estatua de la Libertad sobre la cual Martí escribió otra muy famosa para *La Nación* de Buenos Aires. Esta es diferente aunque en ella aparecen algunos tópicos que Martí desarrolla en la otra. Por ejemplo, en ambas crónicas habla de lo que representaba la libertad para diferentes personas, incluso para aquellos que no la tenían. Habla de su diseñador, Bartholdi y de las personas y los barcos que asisten a la inauguración. Al igual que en su otra crónica, aquí la estatua toma el lugar de una deidad o de un Dios al que todo sirve de altar y reverencia.

Este lenguaje cuasi religioso se repite incluso en las palabras de Grover Cleveland que Martí reproduce al final y más tarde en su caracterización de Henry George. Al hacer esto, Martí está traspasando las pulsiones de la fe religiosa de la antigua fe en un ser trascendental a la Nación, la Patria, y las virtudes republicanas. Por eso hay que leer estas representaciones como otro síntoma de la "desmiraculización" y "re-sacralización del mundo" como decía Gutiérrez Girardot en *Modernismo* (82), que trajeron consigo el krausismo, el positivismo y otras filosofías a finales del siglo XIX. Hay que verlos como parte de un proceso de pérdida de la fe religiosa, y una celebración de las posibilidades ilimitadas del ser humano, la poesía, y el activismo social, a través de esos mismos signos religiosos.

La crónica viene acompañada además de tres grabados, uno de Bartholdi, que aparece en medio de la página rodeado por las columnas del artículo de Martí, un fragmento de un dibujo del brazo de la estatua sosteniendo la antorcha y el retrato del Presidente Cleveland. Alrededor del detalle del brazo de la estatua en la primera página se ven aves revoloteando y encima de la antorcha se ven algunas personas que miran. Este detalle posiblemente fue el que lo inspiró a comenzar la crónica asumiendo una perspectiva de "ojo de pájaro", ya que Martí la inicia con las siguientes palabras: "Como las aves asombradas en la altura alrededor del brazo majestuoso, gira confuso el pensamiento sin hallar forma digna de su asunto, al querer reflejar en palabras la emoción gigantesca". La crónica, además, abunda en metáforas y símbolos que son típicas del estilo literario de Martí, y de algunos escritores de finales del siglo XIX en los Estados Unidos, ya que como dice Christopher Wilson, esta época vio el traspaso de un tipo de periodismo literario, *laissez-faire* y camaraderil, simbolizado por el *Sun* de Charles Dana, a un periodismo más agresivo, sensacionalista y frenético que era el de los periódicos de Hearst y Pulitzer (27-28). Martí, quien escribió para el *Sun*, y fue amigo de Dana, estaba más cerca del primero que de los segundos. Sus crónicas conservan el elemento culto, literario y moralista de quienes precedieron a estos dos, y por eso como otros escritores modernistas de su tiempo el cubano trató de poner el pensamiento, la literatura y la cultura en función de re-escribir noticias y crónicas para el público general.

Esta crónica sobre la inauguración de la Estatua de la Libertad de Nueva York es un ejemplo, pero hay otras en el mismo número que sobresalen por su maestría, especialmente la que le dedicó al economista norteamericano Henry George, de quien reproduce también otro grabado. Por esto este número causó tan buena impresión en México cuando llegó a la redacción de *El Nacional*, que publicó varios artículos de *El Economista Americano*, aunque ninguno de este número. El 17 de diciembre de 1886, es decir, un mes después de salir este mensuario en Nueva York, *El Nacional* publica un suelto elogiándolo. Dice:

El Economista Americano

Hemos recibido un número extraordinario de esta interesante publicación que sale a luz en Nueva York, el cual contiene una descripción detallada y minuciosa de las fiestas que tuvieron lugar en la Imperial Metrópoli, con motivo de la inauguración del colosal monumento erigido a la Libertad en la Isla de Bedloe, a la entrada de la gran rada del puerto de Nueva York.

La elegancia y el buen orden con que están narrados todos y cada uno de los pasajes de esa gran fiesta, dejan satisfecha la más delicada exigencia; y por esa causa recomendamos a nuestros lectores la descripción de El Economista Americano como una de las mejores que se han dado a luz, propias para conservarse como recuerdo de tan extraordinario acontecimiento.

Sentimos no poderla reproducir por su extensión y falta de espacio para ello.

Acompaña a la descripción, además de un buen

grabado de la estatua de "La Libertad Alumbrando el Mundo", un buen retrato de su autor Bartholdi, genio prominente en este arte escultórico; pues ciertamente es admirable como ha podido imprimir esa animación y naturalidad a tan colosal figura, guardando de una manera perfecta las proporciones naturales.

También trae la publicación a que venimos haciendo referencia, los retratos del Presidente Cleveland y el de Henry George. Este último, genio sublime de otra especie, bienhechor de la humanidad por sus sabias, convincentes y amorosas doctrinas, consignadas en su libro *El Progreso y la pobreza* tan universalmente aceptado por sus nobles fines. (2)

Este número, además, como aclara una nota del editor, es doble porque no se había publicado el del mes de octubre de 1886 y por tanto el de noviembre tiene más crónicas. Sin duda este es un número "extraordinario", que combina crónicas extensas como la dedicada a la estatua de Bartholdi con otras breves, que ocupan todas ellas una sola página. En ellas se repiten algunos temas que son típicos de Martí en esta época como son el juicio de los anarquistas de Chicago, la cuestión racial, --en este caso los negros-, la pobreza en los Estados Unidos, y el desarrollo acelerado de la economía argentina, que Martí pone de ejemplo para los hispanoamericanos. En esta crónica en particular Martí alaba el proyecto de traer la medicina y la selección genética controlada, para mejorar las razas de animales aunque en ocasiones parece que se está refiriendo a toda la nación.

Para resumir podemos decir que estas crónicas varían en el tamaño y tratan de diversos temas, pero muestran la relación íntima que tenía Martí con el mercado neoyorkino, las cifras económicas y la política norteamericana. No aparece en ellas un rechazo al comercio, ni al capital, ni a la propiedad privada. Todo lo contrario. Como afirma incluso categórico en su crónica sobre Henry George, "la propiedad es sagrada [...] sin propiedad no tiene sabor la vida, ni la muerte es tranquila". Lo que le preocupaba a Martí era la mala distribución de la riqueza, el derroche de dinero de que hacían gala algunos millonarios como Vanderbilt, mientras otros se morían de hambre o vivían en condiciones paupérrimas. Son crónicas que acompañan y forman parte de la expansión del capital financiero y las mercancías y maquinarias en su recorrido hacia Hispanoamérica, ya que los anuncios en esta revista van dirigidos a los hispanoamericanos, están escritos en español, y toman en consideración su cultura. Entre ellos están el dedicado a la firma "Kingsland & Ferguson," vendiendo trilladoras mecánicas, el de la compañía constructora de "John Stepheson,' el de "Rohe & brother," que anunciaba manteca refinada y otros por el estilo. Es posible que Martí haya también escrito estos anuncios y por eso los incluimos al final. Además, para ayudar a la compresión de los textos he agregado algunas notas críticas, he modernizado la ortografía, y he agregado un nuevo índice general de los artículos del *Economista Americano* que se han publicado hasta ahora.

Obras citadas:

[Anónimo] "Brain exhaustion: With some preliminary considerations on Cerebral Dynamics By J. Leonard Corning" *Eclectic Magazine of Foreign literature, Science, and Art* 39. 6. (June 1884): 860-61.

Britton, John A.. *Cables, Crises, and the Press : The Geopolitics of the New Information System in the Americas, 1866-1903.* Albuquerque: University of New Mexico Press, 2013.

Camacho, Jorge. *"Las toman donde las hallan!" Once textos inéditos de José Martí.* (Edición, introducción y notas críticas Jorge Camacho). Miami: Alexandria Library, 2015.

___."A Paradigm for Modernity: the concept of the crisis in Modernismo" *Literary Cultures of Latin America: A Comparative History.* Trans. Jessica Johnson.Vol. III. Editors

Mario J. Valdés and Djelal Kadir. Oxford University Press, 2004. 328-337.

___. *El Economista Americano en México. Crónicas desconocidas de José Martí.* (Edición, introducción y notas críticas Jorge Camacho). Miami: Alexandria Library, 2016.

Cané, Miguel. *En Viaje. 1881-1882.* Buenos Aires, 1907.

Cuyás, Arturo. *Estudio sobre la inmigración en los Estados Unidos y breves apuntes para la aplicación del sistema á la isla de Cuba.* Nueva York: Thompson y Moreau Impresores 1881.

"De *El Economista Americano*" Anuario del Centro de Estudios Martianos 2(1979): 15-16.

"*El Economista Americano*" *El Nacional* 17 de diciembre de 1886. Pág. 2.

Ette, Ottmar. *José Martí, apóstol, poeta, revolucionario: una historia de su recepción.* Universidad Nacional Autónoma de México, 1995.

Glickman, Robert Jay. *Vestales del Templo azul: notas sobre el feminismo hispanoamericano en la poca modernista.* Toronto: Canadian Academy of the Arts, 1996.

Gutiérrez Girardot, Rafael. *Modernismo.* Barcelona: Montesinos, 1983.

Heine, Heinrich. *El Cancionero.* Trans. Juan Antonio Pérez Bonalde. Prólogo de D.J Fastenrath. Carta de Don Marcelino Menéndez Pelayo. New York: Thompson y Moreau, 1886.

Shearer, James. "Periódicos españoles en los Estados Unidos". *Revista Hispánica Moderna* 20 1/2 (Jan-Apr. 1954): 45-57.

Shields, David. S. "José María Mora" *Broadway Photographs*. http://broadway.cas.sc.edu/content/jose-maria-mora

Spencer, Herbert. "The Coming Slavery" *Eclectic Magazine of Foreign literature, Science, and Art* 39. 6. (June 1884): 721-735.

Martí, José. *Obras completas. Edición crítica*. La Habana: Centro de Estudios Martianos, 2000-2016.

___. *Obras completas*. 28 vols. La Habana: Editorial Nacional de Cuba, 1963-1975.

___."No somos periódico de arte" *La Estrella de Panamá* 31 de Julio de 1886, p.3

Wilson, Christopher. *The Labor of words Literary professionalism in the Progressive Era*. Athens: University of Georgia Press, 1985.

Índice general de los textos conocidos hasta ahora que aparecieron originalmente en *El Economista Americano*.

Si no se indica que fueron reimpresos por otra revista quiere decir que ya se conocían y aparecieron en ese mes, con ese título en la revista y en las *Obras completas* de Martí.

Julio de 1885. "El General Jackson, el culto caballero" (reimpreso por *La Estrella de Panamá*).

Diciembre de 1885. "Geografía. Descubrimiento en el Gran Chaco" (reimpreso por *El Diario del Hogar*. Periódico de las familias 8 de diciembre de 1885).

Diciembre de 1885. "J. E. Rodríguez, cosas del canal de Panamá" (desconocido, pero mencionado por *La Estrella de Panamá* el 2 de enero de 1886).

Marzo de 1886. "La plata mexicana" (reimpreso por *El Diario del Hogar* el 2 de marzo de 1886).

Marzo de 1886. "Ciudad India. Se anuncia que Nueva York", "El ferrocarril", "Ixtle" "En Washington" (artículos reimpresos por *El Diario del Hogar* el 26 de marzo de 1886).

Abril de 1886. "Como se ha de tratar a los Indios", "Mercado de Nueva York", "Norte-americanos en México" (artículos reimpresos por *El Nacional* el 29 de abril de 1886).

Abril de 1886. "Huelga en los Estados Unidos" (reimpreso por *El Nacional* el 30 de abril de 1886).

Junio de 1886. "Boletín Comercial", "El Economista Americano" (artículos reimpresos por *El Nacional* el 15 de junio de 1886).

Junio de 1886. "Boletín Comercial", "Mercado de Nueva York" (artículos reimpresos por *El Nacional* el 16 de junio de 1886).

Julio de 1886. "Baja en el comercio de los Estados Unidos" (reimpreso por *La Estrella de Panamá*).

Julio de 1886. "No Somos una revista de arte" (reimpreso por *La Estrella de Panamá*).

Julio de 1886. "Los progresos de Honduras" (conocido *OCEC*, vol. 25, 11-12).

Agosto de 1886. "Pocas veces causa una catástrofe" (reimpreso por *La Estrella de Panamá*).

Setiembre de 1886. "En Nueva York vivieron largos años" (reimpreso por *La Estrella de Panamá*).

Octubre de 1886. "El terremoto de Charleston" (reimpreso por *El Coahuilense* el 27 de octubre de 1886.)

Noviembre de 1886. "Las fiestas de la Estatua de la Libertad" *El Economista Americano* (reimpreso aquí por primer vez)

Noviembre de 1886. "Los anarquistas en los Estados Unidos" *El Economista Americano* (reimpreso aquí por primer vez)

Noviembre de 1886. "Moralidad de la raza negra" *El Economista Americano* (reimpreso aquí por primer vez)

Noviembre de 1886. "Recuerdo de Bartholdi" *El Economista Americano* (reimpreso aquí por primer vez)

Noviembre de 1886. "Frutas Mexicanas" *El Economista Americano* (reimpreso aquí por primer vez)

Noviembre de 1886. "El viaje del Sr. Charles H. Odemar" *El Economista Americano* (reimpreso aquí por primer vez)

Noviembre de 1886. "¡Si están hechos para eso!" *El Economista Americano* (reimpreso aquí por primer vez)

Noviembre de 1886. "Fuerza en la luz" *El Economista Americano* (reimpreso aquí por primer vez)

Noviembre de 1886. "Advertencia a nuestros suscritores" *El Economista Americano* (reimpreso aquí por primer vez)

Noviembre de 1886. "El servicio de vapores en México" *El Economista Americano* (reimpreso aquí por primer vez)

Noviembre de 1886. "La lección de Buenos Aires" *El Economista Americano* (reimpreso aquí por primer vez)

Noviembre de 1886. "Libros Nuevos. Pifias del Ajedrez de Nicolás Domínguez Cowan. "Análisis del Juego de Ajedrez" de Andrés Clemente Vázquez. *El Economista Americano* (reimpreso aquí por primer vez)

Noviembre de 1886. "La Plata. Countries of South America" (Los Países del Plata por E. J. M Clemens) *El Economista*

Americano (reimpreso aquí por primer vez)

Noviembre de 1886. "El primer yacht del mundo" *El Economista Americano* (reimpreso aquí por primer vez)

Noviembre de 1886. "Nuestras gracias a la prensa de México" *El Economista Americano* (reimpreso aquí por primer vez)

Noviembre de 1886. "Henry George" *El Economista Americano*

Noviembre de 1886. "Hotel en México" *El Economista Americano* (reimpreso aquí por primer vez)

Noviembre de 1886. "Un banco en Honduras" *El Economista Americano* (reimpreso aquí por primer vez)

Noviembre de 1886. "Cambio en el Mexican Central" *El Economista Americano* (reimpreso aquí por primer vez)

Noviembre de 1886. "El Ministro de los Estados Unidos en Colombia" *El Economista Americano*

Noviembre de 1886. "Teléfonos" *El Economista Americano* (reimpreso aquí por primer vez)

Noviembre de 1886. "Vapores al Rio de la Plata" *El Economista Americano* (reimpreso aquí por primer vez)

Noviembre de 1886. "Revista del Mercado" *El Economista Americano* (reimpreso aquí por primer vez)

Febrero de 1887. "La Plata en los Estados Unidos" (reimpreso por *La Voz de México*).

Abril de 1887. "América se abre. Ni Bolivia" (reimpreso por *La Estrella de Panamá*).

Mayo de 1887. "Estudios Críticos por Rafael Merchán".

(conocido OCEC, vol. 25, 340-342).

Julio de 1887. "Los nuevos aranceles mexicanos" (reimpreso por *La Convención Radical Obrera*, el 10 de julio de 1887).

Agosto de 1887. "La cronología prehistórica de América" (conocido).

Agosto de 1887. "Libros nuevos. "Our electoral system" de Ch. O' Neil, "California's Wild Justice" de H. H. Bancroft (artículos conocidos).

Agosto de 1887. "El poeta anónimo de Polonia por Enrique José Varona" (conocido).

Agosto de 1887. "'El 27 de Noviembre de 1871,' Fermín Valdés Domínguez" (conocido).

Septiembre de 1887. "¡Pues para ser como las Repúblicas Hispano Americanas" (reimpreso por *La Estrella de Panamá* el 22 de octubre de 1887).

Octubre de 1887. "A la tumba de "H. H" (reimpreso por *La Juventud literaria* el 9 de octubre de 1887).

Octubre de 1887. "Los Chinos" (reimpreso por *La Estrella de Panamá*).

Octubre de 1887. "Sobre Indios" (reimpreso por *La Estrella de Panamá*).

Diciembre de 1887. "Juan José Baz, un mexicano ilustre" (conocido).

Enero de 1888. "Guatemala, la tierra del quetzal, de W.I. Brigham" (conocido).

Enero de 1888. "Andrés Bello" (fragmento reproducido por Rafael Pombo en la revista *El Centro*, 22 de marzo de 1888).

Enero de 1888. "Seis Conferencias, por Enrique José Varona" (conocido).

Febrero de 1888. "Eloy Escobar" (conocido).

Febrero de 1888 "Un recuerdo de la lectura de la Historia de la Literatura Colombiana de José M. Vergara" (conocido).

Marzo de 1888. "Cartas inéditas de José de la Luz" (conocido).

Abril de 1888. "Lenguaje digno de América" (reimpreso por *La Estrella de Panamá*).

Junio de 1888. "El prólogo de Ponce de León a su Historia de la Isla de Cuba" (conocido).

Julio de 1888. "Heredia" (conocido).

Octubre de 1888. "El abogado de los ricos" (conocido).

Octubre de 1888. "Una novedad en educación pública" (conocido y reimpreso por *El Siglo XIX*, el 1º de noviembre de 1888).

Octubre de 1888. "Escenas neoyorquinas. Los vendedores de diarios" (conocido y reimpreso por *El Siglo XIX*, el 1º de noviembre de 1888).

Octubre de 1888. "Curiosidades americanas. Egipto y América. La masonería en América" (conocido).

Octubre de 1888. "De Yankeelandia" (conocido).

Octubre de 1888. "Un teatro mexicano" (conocido).

Octubre de 1888. "Las Montevideanas" (conocido).

Octubre de 1888. "Oratoria popular" (conocido).

Octubre de 1888. "Una Hermosura" (conocido).

Octubre de 1888. "Los 'Dudes'" (conocido).

Octubre de 1888. "Notas americanas" (conocido).

Octubre de 1888. "Revista del mercado" (conocido).

Octubre de 1888. "79 000 000 en pensiones nacionales!" (conocido).

Octubre de 1888. "Una boda china en Nueva York" (conocido y reimpreso por *El Siglo XIX*, el 1º de noviembre de 1888).

Octubre de 1888. "Un librepensador norteamericano. Muerte de Courtland Palmer" (conocido).

Octubre de 1888. "Nueva York en octubre. Actores: Paseos: Robos: La riqueza en los Estados Unidos" (conocido y reimpreso por *El Siglo XIX*, el 1º de noviembre de 1888) (conocidos).

1888 (no se conoce el mes). "Juan de Dios Peza" (conocido).

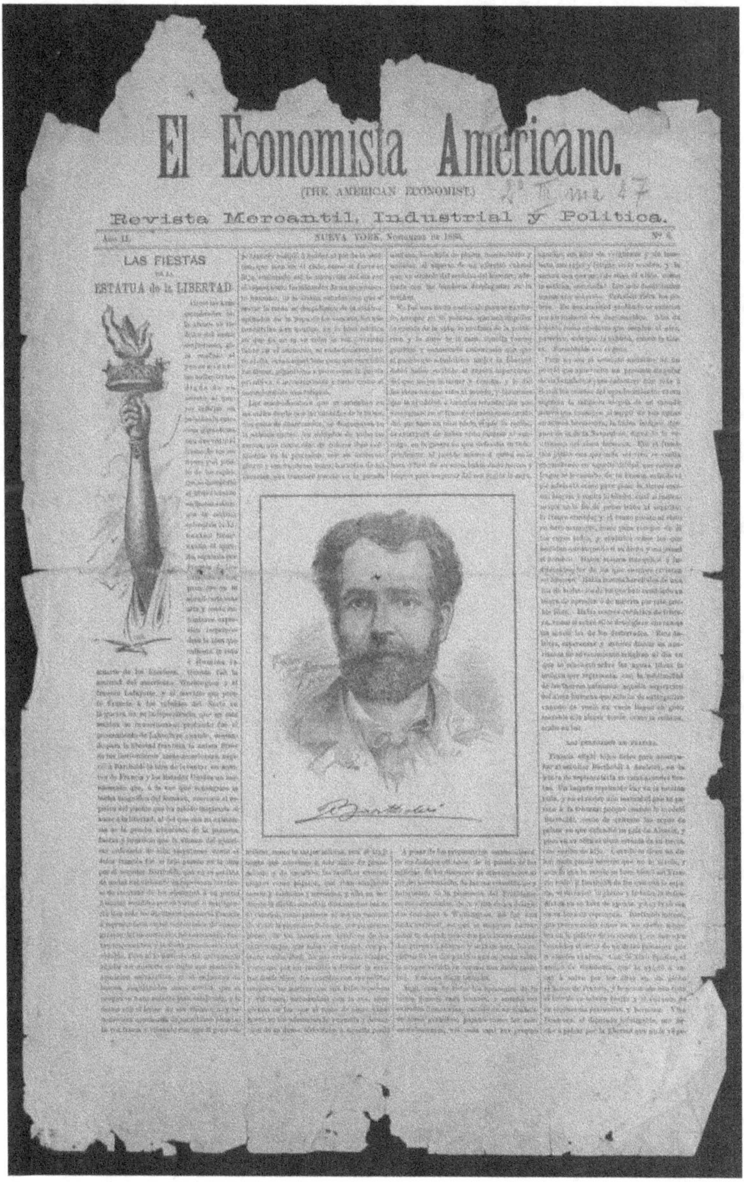

El Economista Americano.

(THE AMERICAN ECONOMIST)

Revista Mercantil, Industrial y Politica.

Año II.   NUEVA YORK, Noviembre de 1886.   Nº 6.

LAS FIESTAS
DE LA
ESTATUA de la LIBERTAD

[Text of article illegible at this resolution]

Los textos:

LAS FIESTAS DE LA ESTATUA DE LA LIBERTAD

Como las aves asombradas en la altura alrededor del brazo majestuoso, gira confuso el pensamiento sin hallar forma digna de su asunto, al querer reflejar en palabras la emoción gigantesca con que entre el humo de los cañones y el júbilo de los espíritus, se descubrió el 28 de Octubre, en fiestas solemnes, la estatua colosal de la Libertad iluminando el mundo, regalada por Francia a los Estados Unidos, para que en la obra de arte más alta y osada encontrase expresión imperecedera la idea que calienta la vida e ilumina la muerte de los hombres. Grande fue la amistad del americano Washington[2] y el francés Lafayette,[3] y el servicio que prestó

---

[2] George Washington (1732-1799). Ocupó el cargo de Comandante en jefe del ejército Continental revolucionario en la Guerra de Independencia de los Estados Unidos (1775-1783). Más tarde fue elegido primer Presidente del país (1789–1797).

[3] Marie-Joseph Paul Yves Roch Gilbert du Motier, Marquis de Lafayette (1757–1834). Aristócrata y militar francés, amigo de George Washington. Luchó junto con los norteamericanos en la Guerra de Independencia de los Estados Unidos (1775-1783). Martí lo llama por el nombre en que se

Francia a los rebeldes del Norte en la guerra de su independencia, que en esta estatua se conmemoran; profundo fue el pensamiento de Laboulaye[4] cuando, deseando para la libertad francesa la calma firme de las instituciones norteamericanas, sugirió a Bartholdi[5] la idea de levantar en nombre de Francia y los Estados Unidos un monumento que, a la vez que consagrase la lucha magnífica del hombre, acercase el espíritu del pueblo que ha sabido inspirarle el amor a la libertad, al del que con su existencia es la prueba triunfante de la pasmosa fuerza y beneficio que le vienen del ejercicio ordenado de ella; impetuoso como el dolor francés fue el brío puesto en la obra por el escultor Bartholdi, que en su estatua de metal iba vertiendo su esperanza hirviente de recobrar de

---

le conoce en este país: "Lafayette".

[4] Edouard de Laboulaye (1811–1883). Pensador y político francés. Apoyó la causa del Norte y la abolición de la esclavitud en la Guerra de Secesión contra el Sur. Fue quien le propuso a su amigo Auguste Bartholdi construir un monumento para los Estados Unidos en honor a la libertad. Murió antes de que se erigiera en 1886.

[5] Frédéric Auguste Bartholdi (1834–1904), escultor francés. Autor de "La Libertad Alumbrando el Mundo", más conocida por el nombre de "La Estatua de la Libertad". Nació en la región de Alsacia, cerca de la frontera de Francia con Suiza y Alemania. A finales del siglo XVII Alsacia perdió su independencia y pasó a formar parte de Francia. Más tarde, durante la guerra Franco-Prusiana (1870), fue parte de Alemania. Martí menciona estos sucesos para resaltar la importancia que tuvieron en la forma de pensar de Bartholdi.

los alemanes a su patria Alsacia; notables por su virtud e inteligencia han sido los diputados que envió Francia a representarla en las ceremonias de consagración del monumento: las ceremonias fueron imponentes, y la fiesta grandiosa e inolvidable. Pero ni lo torvo del día, que pareció añadir un misterio de nube apropiado a la aparición maravillosa; ni el enjambre de barcos, engalanados como novios, que se acogieron a sus plantas para celebrarla, y le daban con el humo de sus chimeneas y cañones una apariencia de asombroso altar; ni la voz fresca y vibrante con que el gran viejo francés rompió a hablar al pie de la estatua, que toca en el cielo, como si fuera su hija, realzando así la maravilla del día con el espectáculo fortalecedor de un monumento humano; ni la tierna canción con que al cerrar la tarde se despidieron de la estatua, apiñados en la popa de los vapores, los que concurrían a su bautizo, en la hora mística en que ya no se ve volar la voz, -vivirán tanto en el recuerdo, ni embellecieron tanto el día, como aquel loco gozo que encendió las almas, gigantesco y puro como la poesía primitiva; e incontrastable y casto como el nacimiento de una nueva religión.

 Las muchedumbres que se apiñan en las calles, desde que las ciudades de la bahía, con prisa de enamorados, se despertaron en la neblina turbia; los soldados de todas las armas, que como olas de colores iban enfilándose en la procesión, con su uniforme alegre y sus banderas rotas; los niños de las escuelas, que tomaban puesto en la parada militar, como la mejor milicia, con el traje negro que conviene a este siglo de pensamiento y de creación; las familias enteras, alegres como pájaros, que iban cuajando aceras y ventanas y avenidas, y aun en medio de la niebla parecían doradas, por luz de lo interior, como parecen al sol los racimos de uvas; la procesión doliente por su mismo júbilo, de los moradores infelices de los barrios bajos, que salían en tropel, con extraña cordialidad, de sus viviendas fétidas, y corrían por los muelles a divisar la estatua desde lejos, los maridos con sus pálidas mujeres, las madres con sus hijos huesosos y deformes, animándose con la voz, recogiendo en los ojos el resto del alma, exhalando en los ademanes la angustia y desolación de su deseo, todo daba a aquella parda mañana, henchida de placer, movimiento y músicas, el aspecto de un ejército colosal que en símbolo del espíritu del hombre, adelanta con las banderas desplegadas en la sombra.

No fue una fiesta nacional: porque es cierto, aunque no lo parezca, que acá impiden lo egoísta de la vida, lo confuso de la población y lo duro de la raza, aquella fogosa gratitud y enamorado ardimiento con que el pueblo que administra mejor la libertad debió haber recibido el regalo espontáneo del que mejor la siente y enseña, y le dio las ideas con que vino al mundo, y las armas que la ayudaron a hacerlas triunfar, sin que amenguase en el francés el misterioso cariño del que hace un bien hacia el que lo recibe, la amargura de haber visto pasarse al enemigo, en la guerra en que defendía su independencia, al pueblo mismo a quien en la hora difícil de su cuna había dado héroes y buques para asegurar del rey inglés la suya.

A pesar de los preparativos ceremoniosos de los festejos oficiales, de la parada de las milicias, de los discursos de consagración al pie del monumento, de las convivialidades y banquetes, de la presencia del Presidente en las ceremonias, de la visita de los delegados franceses a Washington, no fue una fiesta nacional, en que se sintiesen ondear sobre la ciudad, como dos pabellones enlazados pliegue a pliegue y asta en asta, los espíritus de los dos pueblos que se juran sobre la sangre vertida en común una dulce amistad. Fue una fiesta humana.

Aquí, casa de todos los oprimidos de la tierra, floreció cada hombre y enseñó sus entrañas iluminadas, cuando en un símbolo de aérea grandeza, pujante como los mismos elementos, vio cada cual sus propias agonías, sus años de vergüenza y de combate, sus tajos y fatigas en la sombra, y la aurora con que sacó de ellas el alma, como la estatua coronada! Los más desdichados tenían aire soberbio. Parecían ricos los pobres. En una amistad profunda se unieron por un instante los desconocidos. Alas de himnos, como cóndores que escalan el aire, parecían, más que la niebla, cubrir la tierra. Formidable era el gozo.

Pero no era el arrebato unánime de un pueblo que aprovecha un presente singular de su benefactor para enlazarse aún más a él con los cariños del agradecimiento; ni era siquiera la religiosa alegría de un mundo nuevo que consagra, al surgir de sus aguas en serena hermosura, la única imagen, después de la de la Naturaleza, digna de la veneración del alma humana. Era el frenético júbilo con que cada ser vivo se sentía encumbrado en aquella deidad que entre el fragor se levantaba de la bruma, echando el pie adelante como para pisar la tierra eterna; amplia y suelta la túnica, cual si indicase que nada ha de poner traba al espíritu; la frente armada; y el brazo puesto al cielo en fiero arranque, como para recoger de él los rayos todos, y abatirlos sobre los que impidan que saque de sí su dicha y majestad el hombre. Había rostros tranquilos e indiferentes: los de los que siempre vivieron en libertad. Había rostros henchidos de una luz de boda: los de los que han cambiado su tierra de opresión o de miseria por este pueblo libre. Había rostros cubiertos de tristeza, como si sobre ellos descogiese sus ramas un sauce: los de los desterrados. Esos deleites, esperanzas y dolores dieron su apariencia de advenimiento religioso al día en que se consagró sobre las aguas libres la imagen que representa, con la sublimidad de las fuerzas naturales, aquella aspiración del alma humana que solo ha de extinguirse cuando de vuelo en vuelo llegue en gozo inefable a la altura donde, como la estatua, acaba en luz.

LOS DELEGADOS DE FRANCIA

Francia eligió hijos fieles para acompañar al escultor Bartholdi a América, en la honra de representarla en estas grandes fiestas. Un ímpetu reprimido hay en la estatua toda, y en el rostro una severidad que se parece a la tristeza: porque cuando lo modeló Bartholdi, venía de quitarse las ropas de pelear en que defendió su país de Alsacia, y puso en su obra el alma errante de su tierra, con cariño de hijo. Cuando se tiene un dolor, nada puede hacerse que no lo revele, y solo lo que lo revela lo hace bien: así Francia rodeó a Bartholdi de los que con la espada, el discurso, la pluma y la bolsa la defendieron en su hora de agonía, y hoy la sirven en su hora de esperanza. Bartholdi mismo, que parece andar como en un sueño, muestra en la palidez de su rostro y en sus ojos inquietos el dolor de un deseo punzante que le espolea el alma. Con él vino Spuller, el amigo de Gambetta,[6] que le ayudó a sacar a

---

[6] Léon Gambetta (1838–1882). Político y orador francés. Editor del periódico La Republique française. En una de sus crónicas Martí recuerda su famosa salida de Paris en un globo aerostático durante la guerra de Francia con Prusia.

salvo por los aires en un globo, el honor de Francia, y lo mantiene con todo el brío de su cabeza fuerte y el encanto de su elocuencia persuasiva y hermosa. Vino Desmons, el diputado infatigable, tan hecho a pelear por la libertad que no le vé pecado y antes entiende que se viva sin tierra y sin luz que vivir sin ella. Vino Deschamps, Vice-presidente del Municipio de París, desordenado en su oratoria y extremo en su política, pero en el mostrador de sus padres, comerciantes humildes, supo criar fuerza para ir tres veces tan sobre los prusianos, que cayó prisionero de ellos y se les escapó tres veces. Vino Jaurés, que aprendió en las guerras del Imperio el modo de retirarse con honra en Mamers y llevar con heroísmo a la victoria en Sille-le-Guillaume el ejército de Loira. Vino Pélissier, el General de Nogent-sur- Marne, donde una herida consagró su valor, probado con bravura al pie de los cañones. Vino el teniente Napoleon Ney, a quien dicen que se le vio crecer la estatura cuando el sitio, el día en que su gente huía de una trinchera que vomitaba fuego y muerte, y clavó el pie en tierra, y a empellones volvió a los soldados cara al fuego, y él con ellos. Vino Bureaux de Pussy, que no deslució en la guerra la sangre fina y generosa de su bisabuelo Lavayette. Vino Laussedat, el anciano que firma con su espada leal de coronel sus libros de ciencia, y sale en globos a expediciones atrevidas, para enseñar a su patria el modo de hacer del aire un soldado. Vinieron Villegente, joven marino en quien se adivina la impaciencia; Robert, Bigot y Meunier, que han guiado siempre por el honor su pluma, Giroud y Hiélard, en quienes la fortuna ganada en el comercio no ahoga el patriotismo; el juez Caubert, que quiso cuando la guerra armar una legión de abogados y de jueces.

Y vino con todos ellos, como si Francia no estuviera sin él completa, el admirable anciano a quien el hábito de tajar los montes parece haber comunicado su elevación y fortaleza. Vino Lesseps, con su hija de trece años, habida en la esposa noble que ha traído fuerza de sol a la casa del ilustre viejo. Vino con todo en sí como la barca de César. Trae a su hija, a su alegría jovial, y a un vestido de etiqueta en un saco de mano por único equipaje. Es preciso verlo de cerca. ¡Qué necios son los vanidosos! Es lo que sale a los labios al verle. Cuando se han fijado un rato los ojos en él, cuando se le ve recoger con sus miradas como una hoz hombres e ideas, cuando en su contento se adivina su generosidad, dan deseos de besarle la mano, la mano que ha reunido en paz, en el ardor del desierto, a los mares rivales. Pero ¿quién diría que ese anciano ingenuo, familiar y sencillo, es el único que ha enfrenado y cambiado desde los Faraones las fuerzas de la naturaleza, y la envidia y maldad de los hombres, más desbocadas y temibles que ellas? No hay pompa en su lenguaje, ni en sus actitudes, ni en su vestido. A las señoras, les besa la mano. A los hombres, les dice tales galanterías que parece que habla con mujeres. Se le ve crecer la idea en los ojos vivaces y negros; se le ve empujar la voluntad en la cabeza, que lleva constantemente hacia adelante; pero a no ser por la comunicativa energía de su ademán, no se le descubre el pensamiento, que en él es un monte que anda. Negocia como enamoró en sus mocedades, con esa confianza marcial que asegura el amor y las empresas. Su tenacidad iguala solo a la ligereza pasmosa con que mueve su cuerpo de ochenta y un años. ¡Este anciano es verdaderamente digno de la fábula! La voz es fresca y viva, el paso, suelto y alegre; su caballo, el más brioso de todos, y fatiga a los que le siguen. Vuelve de su paseo; desata el tesoro de su saco de noche; va a un banquete, donde como un padre mira por su canal sin que se le vea que mire; y habla como si estuviese aun a caballo; y con una rosa en el ojal, sale de allí a un baile, y no le vence la luz en brillantez, ni hay menos aroma en su discurso que en las flores. Cubre de lejos a su hija con una mirada en que se ve brillar el águila.

LA PARADA

New York dispuso festejar el día con una parada en la mañana, una procesión naval y la ceremonia de la entrega del monumento al Presidente de la República, celebrada en la Isla donde hoy se eleva la estatua con tan natural belleza, que no parece regalo traído de la tierra lejana, sino hermosura nacida de la ciudad misma, como porción y complemento de ella, tal cual si se repitiese el mito antiguo, y la Libertad hubiera brotado con eterno encanto del costado del hombre. Los mitos progresan, como el hombre que los imagina; y a cada nueva época de éste, como que en esencia ni el hombre ni el Universo que se copia en él varían, reaparecen los símbolos humanos con nombres u ornamentos nuevos, bajo los cuales como alma constante palpita la naturaleza inmóvil y serena.

¿Habrá que decir que New York mostraba inusitada animación desde los primeros clarores del día? Al enorme gentío que se aglomera en New York en toda fiesta pública, juntábase el radiante alborozo de las almas, que hacía el paso ligero, el clamor más alegre, más vivos los uniformes, más elocuentes las banderas. Desde las primeras horas se había ido vaciando la ciudad en las plazas y calles por donde pasaba la parada: por millas podían medirse ya a las diez del día las masas de cabezas: era conmovedor el espectáculo de aquellas muchedumbres que repletaban las aceras, con cierto venturoso recogimiento que en otras fiestas no se nota, y con aquella misma devoción con que las almas dulcemente exaltadas de las mujeres cristianas esperan en las procesiones a la Madre María que pasa desolada en busca de su hijo. La plaza de Madison, donde se levantó la tribuna presidencial, era un solo cuerpo humano. Pasmaba su apariencia: había allí como cincuenta mil criaturas: de la oscura superficie se destacaban los cascos blancos de los policías, los árboles deshojados, el estrado vestido de banderas, el monumento feo e injusto que recuerda las victorias de Scott sobre los mexicanos: un ladrón parecía el monumento, que buscaba por donde escurrirse sin ser visto en aquella fiesta de los hombres a la Libertad. Y cerraban el conjunto, vestidos de pabellones franceses y americanos, los hoteles blancos y colosales que circundan la plaza.

Desde allí vieron pasar los delegados en torno al Presidente la entusiasta parada. En sus fiestas se reflejaban los pueblos, porque el alma se enseña entera cuando la arrebata la alegría. Todo el nuevo y libre de estas ciudades fue visible en la parada monumental del día 28. No fue como aquellas revistas militares de pueblos opresores, más hechas para deslumbrar a los ignorantes y aterrar a los que pretendan salvarlos, que para honrar los sucesos que dan pretexto a ellas; ni fue como esos alardes de espíritu marcial con que los países habituados a la gloria de la guerra recuerdan su poder a sus vecinos. Fue la milicia de un pueblo moderno: los negros redimidos, con el traje azul en que pelearon por su redención; los veteranos, rotos como sus banderas, que dejaron sus campos y sus casas para impedir que su pueblo grandioso se partiese en dos; los milicianos jóvenes, que hallan en sus diversiones y empleos tiempo para aprender en salas propias noche sobre noche el manejo del fusil, preciso para abatir a los que de afuera o de adentro intenten desmembrar el territorio, o desmembrar el alma; las corporaciones de trabajadores, con sus cintas blancas; los franceses, amigos de la libertad que pasan del brazo de la Marsellesa; los italianos, enamorados del color, que llevan por todas partes la semilla libre en sus pasiones y en su luz; los bomberos, de calzón negro y blusa roja, que halan de sus bombas viejas, enfloradas y bruñidas, como si halasen del carro de una novia: y los estudiantes, los verdaderos soldados. Pasan los estudiantes con sus gorros de escuela, vitoreando las ventanas pobladas de mujeres. De esta salud y alegría prosperan los pueblos: del franco amor, de la juventud y la bravura. Place y conforta ver el alma en las alas, y al obrero de lujo, y al negro de hombre libre, y al estudiante joven en amores.

No en vano cuchicheaban, comunicándose su grata sorpresa, los delegados de Francia, que aún no tienen los ojos bien curados de la culpable grandeza del Imperio. Nunca habían visto en tal mezcla la ingenuidad y el poder. A la apuesta militancia del 7º Regimiento seguía un carro de flores, escoltado por una compañía de italianos, que iban parleros y muy felices bajo la pesadumbre de sus penachos verdes: al paso firme de los milicianos del regimiento 22, que adelantaban en solemnes filas, sucedía un coro de pífanos y tambores, de diez años el que más, todos vestidos a lo zuavo francés, y capitaneados por dos niñas de nombre alemán, que se salieron de las filas al llegar a la tribuna, para dar al Presidente dos ramos de flores. Otra cantinerita, que parecía un no-me-olvides, rompió filas para dar un estandarte de seda a Bartholdi: Lesseps tendió los brazos, y tomó el estandarte de manos de la niña. El Presidente saludaba, con la cabeza descubierta, los pabellones desgarrados. Los oficiales de la milicia francesa, con sus grandes morriones de fieltro, besaban, al llegar al estrado, la cruz de su espada.

LA ESTATUA

Pero con toda su originalidad y brillo, con toda aquella ternura de la muchedumbre por sus banderas y sus veteranos, con toda la épica familiaridad, semejante a la de Pnyx de Acharnia o el Foro de Roma con que el pueblo saludaba a sus servidores y héroes; con sus bomberos mutilados, con sus policías formidables, con su carroza de Washington, no fue la parada marcial más que la manera de elevar el espíritu a la soberana aparición que con belleza de mitología nueva, velada místicamente por la bruma, parecía surgir en aquel instante de las aguas.

Solo el que ha visto partir un ejército a la guerra puede tener idea del bullicio, del concurso, de las músicas, del hormigueo de vapores con que se animaron entonces los muelles, mientras que a modo de monstruos misteriosos evocados del mundo de la maravilla para guardar a su más hermosa criatura, se deslizaban uno tras otro por la niebla, corpulentos y tardos como los elefantes, los barcos de guerra, los vapores oceánicos, los enormes transportes, de tres y cuatro pisos como las casas, citados todos para rodear el monumento durante la fiesta en que el Presiente había de recibirlo, en nombre de la República, de manos de la Junta Americana que, merced a la suscrición promovida por un diario, pudo allegar después de tristes demoras la suma precisa para construir a la imagen de la Libertad un pedestal que en lo macizo e imponente es digno de ella.

Un estrado alegre parecía la superficie del rio con todos aquellos vapores, blancos y empavesados, que sin chocar, y como soldados hábiles y obedientes, iban en la colina tomando vez para acercase a la Isla. Parecía que de propósito iban despacio, para gozar mejor de la aparición. Al fin, erguida como una imagen a divina altura sobre los devotos postrados a sus pies, se divisó la estatua que posee, con ser de bronce y alta como un monte, el secreto de entrarse por el alma, y quedar en ella sentada como dueña, cual si fuese aquella casta y magnífica señora de hermosura de idea en cuerpo palpable, que persigue con angustia de amor el alma humana.

Dicen que no hay estatua más alta que ella: ni aquel Apolo de Rodas, seductor, a pesar de su tamaño de coloso, como la luz que llevaba figurada en la saeta de la mano y en la urna de la frente; ni el Júpiter de Phidias, grande como su propio templo, que ponía en las almas, con sus cargados arreos de piedras y oro, una debilidad insana de hembras; ni las estatuas sentadas del desierto, que allá se ierguen solas y sedientas bajo el cielo carmíneo del Egipto: sólo las esculturas de Buddha, tajadas en la montaña, dicen que son más altas que el monumento de Bartholdi. Enano parece junto a ella, con sus 151 pies de altura, la estatua de San Carlos Borremeo, de 76 pies, que desde una colina a dos millas del pueblo de Arona, mira al Lago Maggioere, con el brazo levantado a modo de quien amonesta, pero fría y pesada la obra entera, como si aquel amasijo de yeso forrado de cobre estuviese aun aguardando su alma. Enanos parecen todos los colosos: el de la Virgen de Puig, que mira como desde el cielo en lo alto de una roca a la aldea de Bonassien, alta la estatua de 51 pies, pero sin aquel aire de idea y encantador hechizo que en los tiempo de fe católica supieron dar los artistas enamorados a sus vírgenes: la estatua de Arminio con su casco de alas, que por encima de las montañas de Teutenburg saca la espada, citando eternamente a defender la patria de los opresores, como citó él a las tribus germánicas a que juntasen los escudos para echar de su tierra a los romanos de Varius. Ni la presuntuosa Baviera, de 51 pies, que en el ameno terrado de Munich alza sobre su cabeza una corona, con un león a sus pies; ni la acorazada Germania, enemiga de la Libertad, llegan apenas a lo alto de la mano de esta imagen de fuerza desnuda y grandiosa esbeltez, hecha, como del alma de todos los hombres, para representarla.

Las fuerzas de la naturaleza, en su hora de triunfo, pueden solo dar idea de la majestad de la figura. En todo simboliza el espíritu del hombre: en el paso que adelanta, como si no hubiera llegado aún a donde debe; en lo libre y sincero de las ropas, que le realzan el cuerpo sin aprisionarlo; en lo grave y magnífico del rostro, que bajo su halo de rayos resplandece con la casta y sombría hermosura que viene de la purificación en el dolor; en el brazo de la antorcha, alzado en brioso empuje, que no parece que haya de abatirse hasta que no sea todo claridad el Universo. Lo que ornamenta y agiganta la figura no es adorno pomposo y ficticio de las artes pulidas de Academia; sino lo indómito y victorioso de la determinación, en que se siente sacada a luz y puesta en bronce toda alma humana. Por eso al verla surgir, aun cubierto el rostro, de sus velos de brumas, a tiempo que el hombre llano que gobierna este pueblo de libres cruzaba el rio para asistir a su consagración, estalló súbitamente un clamor fragoroso de alegría, que en el pasmo de amor con que era oído bien pudo parecer como si los hombres, a manera de príncipes de magia, emergiesen de sí mismos, luminosos y robustos, y cayeran a sus plantas con estruendo sus vestiduras de cadenas. Las ciudades de la bahía exhalaban todos sus ruidos en desorden loco; en la humareda de los cañonazos apenas se divisaban los mástiles de los buques; los remolcadores, como niños arrebatados de gozo, se movían sin concierto, y como si se buscaran para hablarse: a un tiempo saludaban la estatua con formidable clamor todas las chimeneas, cañones y campanas, las músicas a vuelo, oscurecidas en el ruido enorme; y las almas, salidas a los rostros, en aquella hora en que nadie tuvo vergüenza de su júbilo, y por mucha barba ruda se vio rodar lágrimas. Ya era como si cada ciudad fuese un guerrero antiguo, y contra la más alta de sus torres golpeara su escudo resonante; ya como si los truenos, vencidos y maravillados, acudiesen en tropel a conocer a su vencedor, y tomasen puesto en las nubes aceleradamente, para verlo pasar; ya era el canto del gallo victorioso, exhalado con todo el vapor de las calderas, --por aquella pueril ingenuidad de los pueblos nacientes que escogen como símbolos de su dolor y regocijo los seres u objetos que los expresan en la naturaleza. Del ala de un gallo parecía nacer otra ala: los remolcadores empinaban su cresta por sobre los campanarios más subidos: en la niebla, rota por el fragor, flotaban, como irisada espuma, las banderas. Ya estaba en el estrado de honor al pie de la estatua el Presidente; ya habían tomado asiento en torno suyo los delegados y oradores de la fiesta; ya en un rincón modesto, con todo el triunfo en sí, escondía Barthorldi el rostro venturoso, radiante de una dulce luz que se ve pocas veces sobre el rosto de los hombres; ya el Reverendo Storrs, digno por su pureza de oficiar en aquel día, estaba en pie, protegida la cabeza por un casquillo de seda, para elevar la plegaria con que principian aquí las ceremonias públicas, ya el Mayor de los Ejércitos americanos, de pie junto al pastor, ondeaba su sombrero de tres picos pidiendo silencio: y todavía, como si no hubiera mano que pudiese comprimir los transportes del espíritu al darse cuenta de su libertad, se escapaban de las chimeneas cantos de triunfo y estridentes alaridos de gozo. Como alas extraviadas hendían acá y allá la niebla.

LA CEREMONIA EN LA ISLA

Fue de discursos la ceremonia de la Isla. El Reverendo Storrs dijo elocuentemente su plegaria; Lesseps maravilloso, que parece padre natural de monumentos, rompió a hablar con la cabeza al aire bajo la lluvia, en voz tan viril y segura que la grandeza misma de la estatua quedó olvidada en aquellos instantes por la absorta concurrencia. De todas las almas y de los vapores todos volvió a subir, pero unánime e imponente como un himno, el clamor entrañable so [sic] que saludó la llegada a la Isla del Presidente, cuando al acabar un pasaje del discurso elocuente del Senador Evarts descorrió

Bartholdi con su propia mano el pabellón francés que velaba el rostro de la estatua, modelado por el de su madre moribunda. Con palabras vibrantes y sentidas, que pudieran esculpirse en el pedestal del monumento, lo recibió Cleveland para su República del Senador Evarts, que lo ofreció solemnemente en nombre de la Comisión Americana. Por Francia volvió a hablar en inglés, en su uniforme galoneado de oro, el Ministro Lefaivre. Y con la armoniosa y cambiante palabra porque es celebrado, narró Chauncey Depew, en el discurso de la fiesta, agitando a menudo el índice trémulo por sobre su cabeza protegida de un casquillo, aquellos raptos fúlgidos, aquel pelear de amor, aquel vibrar de clarín, aquel ímpetu de redención incontrastable del alma épica de Lafayette, que harán de él en la memoria de los hombres la típica figura del caballero de la Libertad. Pero en vano esperaban las almas latinas, que habían buscado modo de ponerse más cerca del estrado que las otras, aquellas grandes palabras de alas, que como las águilas en torno a las cumbres de los montes, debieron levantarse al pie del monumento para contar al mundo, con la sublimidad de la epopeya nueva, el abrir de los brazos, el lucir de la frente, el subir del deseo, el hervir decoro, la divina fatiga y heroica aspiración del hombre, desde que, acabada su bárbara niñez, se puso en marcha para llegar a donde el aire todo fuese luz, abundancia y corona. Ejército ninguno adelantó jamás con las caídas, las revueltas, los acometimientos, los asedios, las pestes, los triunfos, con que ha adelantado el espíritu humano, que es ya hoy tal que a su simple presencia las lanzas se desvanecen en manos de los malos, los clarines se niegan a llamar a pelea y se vienen por tierra las murallas.

Ese ánimo, esa victoria, ese rumor de asombro corrían por la respetuosa muchedumbre cuando después de haber bendecido el momento un venerable obispo, se apretaba sobre el angosto embarcadero, ya al caer de la noche, mientras volvía de la ceremonia el Presidente en la lancha de honor, envuelta en la humareda de los cañonazos. Todo lo suave y punzante del gozo del amor había en el ánimo público desde la oscura mañana, en que en verdad, por la mucha de los espíritus, no se notó la falta de luz. Pero en los discursos, que fueron la expresión y remate de estos grandes festejos, quedó fijo, por la sinceridad inevitable de las fiestas de verdadero carácter nacional, el tipo estrecho ¿por qué no ha de decirse? el tipo incompleto, soberbio y desdeñoso de la libertad en el pueblo norteamericano. Aquí triunfa el hombre, sí, en mayor calma y próspera fortuna que en los demás países; aquí funcionan por su misma mole, con benéfico orden las grandes masas públicas, y como que tienen en la mano propia el remedio de sus males, no lo fían, con riesgo de su vida y sus haberes, a la brutalidad brillante de la guerra; aquí con el reposo del decoro satisfecho, se desenvuelve con mayor originalidad y empuje el ser humano, —que va como animal cansado, despierto fuera de hora, chuceado, hosco y canijo cuando no está contento de sí, ni se goza en los que tiene más puro ni trabaja con el brío y el honor que vienen de la posesión completa de sí propio. No se ve el yugo, pero lo llevan. Los hombres, como los elefantes, debían resistirse a engendrar cuando[7] tienen su espíritu o su país en cautiverio. – Pero aquí, donde se goza de esta paz política que lleva en sí la cura de cuanto puede trastornarla, no se posee en cambio aquella enérgica virtud, necesaria a los pueblos como al pan la levadura, y la sal al alimento: la generosidad. Solo son dichosos pueblos y hombre en la medida en que contribuyen, por la disposición afectuosa de su espíritu o por sus actos inmediatos, a la dicha ajena; y todas las formas de ventura juntas, todas las gracias y dones de la naturaleza, todas las perfecciones y alegrías del bienestar, no son más que torcedores y elementos de muertes en los pueblos como en los hombres que no sazonan su vida con el amor humano, y se aíslan, por miedo al dolor, de los sobresaltos fecundos de la gestación universal.

Se goza de lo que se da, en la ley de armonía del Universo; y el que se niega al mundo, por miedo de padecer con sus pesares o por preocupación gigantesca de sí, del mundo ha de

---

[7] Dice "cuanto" en el original.

ser negado, y vive sin derecho a sus simpatías y beneficios. Lo áspero de su espíritu inglés, y lo sórdido y batallante de la vida, han quitado a la libertad en los Estados Unidos esa salud amorosa que la hace más deseable y bella. Los desvalidos, ya sean pueblos u hombres, no les inspiran piedad. De la derrota, no ven el martirio, sino la ignominia. Habituados a vencer, por haber caído en sus manos la flor de los hombres, creen crimen o prueba de inferioridad el ser vencido. Del que vence más que ellos tienen celos, aunque venza con libertad. Para el que no vence como ellos, rebosan en desdén, aunque se desangre generosamente por la libertad. Simpatía, ni la sienten ni la aceptan. Así, aún en medio del general regocijo y pompas públicas, pareció escasa e imperfecta la ofrenda de este pueblo en las fiesta históricas de la imagen donde se yergue en bronce la idea que lo engendró y mantiene, y anima el Universo a padecer con esperanza. Así, en un día de fiesta humana, pudo faltar la historia del hombre en la celebración misma del monumento que lo consagra!

Dos discursos

No hubo en los festejos de la estatua de la Libertad muchos instantes parecidos a aquel en que el anciano Fernando de Lesseps, invitado a hablar el primero en nombre de su país, comenzó a leer con voz llena y vibrante el breve discurso que no siempre premió la concurrencia, aunque pasmada y vencida con la cordialidad que el franco anciano merecía. La voz del francés egregio parecía azotar el aire, como azota una bandera el asta: y el aspecto de fortaleza que da soberana hermosura al pedestal del monumento, favorecía involuntariamente, al oír aquellos finales triunfantes y agudos, el recuerdo de los guerreros que en los tiempos de las hazañas clavaban sus escudos sobre las puertas de la ciudad amurallada de sus enemigos.

Pero lo que para nosotros los de la América Española tiene más encanto en el discurso del anciano, es que sus voz fue la única que en aquella fiesta que ha de pasar a los tiempos, tuvo al pie de la estatua de la Libertad en América una palabra de amoroso recuerdo para nosotros los que hablamos español, que hemos luchado tanto por ella. ¡Cómo bullía airado el pensamiento, buscando salida, al ver morir aquel día sin que nuestra América ensangrentada y gloriosa dijera su amor a la divinidad por quien padece! Parecía un robo el silencio: y la tribuna parecía vacía. Pero lo que había que decir, en su simple recuerdo el anciano Lesseps lo dijo. Este fue su discurso:

"Ciudadanos Americanos: me he apresurado a aceptar la cortés invitación que me fue hecha por el Gobierno de la gran República de América.

Es generosa la idea que ha presidido a la erección de la

estatua de la Libertad: honra a la vez a los que la concibieron, y a los que la comprendieron aceptándola.

¡La libertad iluminando el mundo! Gran faro alzado en medio de las aguas, en el suelo de la América libre!

Al desembarcar bajo su claridad, se sabrá que se pisa una tierra donde la iniciativa individual se desenvuelve en toda su pujanza, donde el progreso es una religión, donde las grandes fortunas se hacen populares por sus donaciones bondadosas, que favorecen la instrucción y la ciencia, y riegan para el porvenir semillas fecundas.

Tenéis razón, ciudadanos americanos, de estar orgulloso de vuestro *Go ahead*. Mucho habéis andado en un siglo, gracias a ese grito, porque habéis sido intrépidos.

Al hablaros de las simpatías de la Francia, sé que expreso el pensamiento de todos mis compatriotas. ¡Ninguno recuerdo amargo o doloroso entre los dos países: y una sola rivalidad: la del progreso! Nosotros aceptamos nuestras (sic) invenciones, como vosotros aceptáis las nuestras, sin envidia. Amáis a los hombres que osan y que perseveran. Digo como vosotros: *Go ahead*. Nosotros nos comprendemos cuando uso este lenguaje. Yo me creo en familia cuando estoy entre vosotros.

Ilustres descendientes de la nobleza de Francia, que atravesaron el Atlántico hace cien años, os trajeron en la aurora de vuestra independencia el concurso vehemente de nuestra simpatía nacional, y soñaban para vosotros grandes destinos: --sus sueños han sido excedidos!

Un siglo después, aquellas simpatías perduran. Los representantes de Francia ven hoy a la América potente y libre, y le presentan este emblema para proclamar que se ha engrandecido por la libertad.

Un historiador inglés, Hepworth Dixon después de haber dicho en su libro sobre la nueva América que vuestra constitución "no es producto del suelo, ni procede del espíritu inglés," añade que "se puede, por lo contrario, considerarla como una planta exótica nacida en la atmósfera de Francia."

Sea cualquiera la opinión de Dixon, vuestra ley es muy exclusivamente americana, y me enorgullece hacer constar que se puede ver en ella un lazo de origen francés.

Es una alegría para mi hablaros así, con el corazón en las manos, y saber que mis palabras son acogidas como las de un amigo verdadero.

Pronto, señores, nos volveremos a reunir para celebrar una nueva conquista pacífica. ¡Hasta la vista, en Panamá, donde el pabellón de las treinta y ocho estrellas de la América del Norte irá a flotar junto a las banderas de los Estados independientes de la América del Sur, formará en el Nuevo Mundo, para el bien de la humanidad, la pacífica y fecunda alianza de la raza franco-latina y de la raza anglo-sajona!"

Después del de Lesseps, el discurso de Cleveland fue, acaso por su misma brevedad, el más elocuente y apropiado. Lo honrado y enérgico del hombre le daban natural derecho, fuera de su alto empleo, para hablar en aquella ceremonia; y lo que dijo fue de corte elegante y grandioso, como la estatua. Dijo de esta manera:

"El pueblo de los Estados Unidos acepta con gratitud de sus hermanos de la República de Francia la grandiosa obra de arte que aquí hoy inauguramos.

Esta prueba de afecto y consideración del pueblo francés demuestra el parentesco de las Repúblicas, y nos trae la certeza de que en nuestros esfuerzos para acreditar ante los hombres la excelencia de un gobierno fundado en la voluntad popular, todavía tenemos del otro lado del Océano una firme aliada.

No estamos aquí para doblar la cabeza ante la imagen de un dios temible y amigo de la guerra, lleno de ira y venganza; sino que en lugar suyo contemplamos con regocijo nuestra propia deidad vigilando y guardando las puertas de América, más grande que todas las deidades que celebró la poesía antigua. En vez de asir en su mano los rayos del espanto y de la muerte, levanta al cielo la luz que ilumina el camino de la emancipación del hombre.

No olvidaremos que la Libertad ha hecho de nuestra tierra su morada, ni dejaremos su altar abandonado. Creyentes entusiastas mantendrán siempre encendidos sus fuegos y ellos reflejarán sobre las playas de nuestra hermana República del Este. Y este rio de la luz siempre brillante, disipará la oscuridad de la ignorancia y la opresión del hombre hasta que la Libertad ilumine el mundo".

"Las fiestas de la Estatua de la Libertad" *El Economista Americano* nov. 1886 pp. 1-4 (Original en el Ibero-Amerikanisches Institut, Berlín)

Los anarquistas en los Estados Unidos

No recibimos de Europa periódico alguno donde no aparezca la ansiosa curiosidad con que aquellos países, trabajados por el miedo a la revolución obrera, aguardan el resultado definitivo del proceso de los siete anarquistas, sentenciados en Chicago a morir en la horca por haber causado en una reunión pública la muerte de siete policías con una bomba de dinamita. Llama la atención que, en este país de república, no se note, fuera del escaso número de sus sectarios, simpatía alguna por los siete condenados, ni parece posible que se revoque su sentencia.

En cuanto a la defensa de los anarquistas, la publicamos al pie, en las propias palabras de la notable mestiza Lucy Parsons, de sangre mexicana e india, y mujer de mucha elocuencia, que está recorriendo los Estados Unidos para despertar la opinión contra la sentencia a muerte de su propio marido, y de sus seis compañeros anarquistas. "No los matéis,!-" va diciendo desde escenarios y plazas, "porque esos hombres no son asesinos; porque mi marido no hubiera llevado a la reunión en que se lanzó la bomba a su mujer y a sus hijos si tuviera concertado un crimen. Porque uno de los sentenciados, Fisher, estaba a mi lado cuando se lanzó la bomba, porque los sentenciados no tienen la culpa de que un desconocido, preparado para la defensa, respondiese con una bomba al ataque de doscientos policías que arremetían contra una masa de hombres, mujeres y niños, revolver en mano: no los matéis, porque esos hombres solo son culpables de anhelar con afán el alivio de su especie, y sus cuerpos muertos serán la levadura del martirio, que sazonará para la obra de la redención social millares de corazones!"

Por desdicha, la nobleza que parece animar esas palabras, no está confirmada por la obra inicua con que, cegados por la ignorancia o la cólera, procuran los sectarios del anarquismo en los Estados Unidos arrasar a destajo, sin plan justo ni visible – como si más que el afán de edificar, que señala a las almas sanas y vigorosas, les inspirase la necesidad de destruir, que los abusos prolongados crean en las almas débiles o egoístas, incapaces de preparar la reforma precisa sobre bases humanas, aun cuando no hayan de ver en vida el resultado de su esfuerzo y sacrificio. Eso explica la indiferencia con que los trabajadores norte-americanos, acostumbrados a ver triunfar sin obstáculos en las urnas las opiniones decididas a vencer, ni con su simpatía siquiera acompañan a los que muren por la mala manera de entender su causa, mientras ellos la adelantan por los medios pacíficos de la República con brío y orden que, a los observadores superficiales, en hombres de tan pocas letras admirarían. Lo cual demuestra que la vida, la vida libre y sincera, es la mejor literatura.

"Los anarquistas en los Estados Unidos" *El Economista Americano* nov. 1886 p. 4 (Original en el Ibero-Amerikanisches Institut, Berlín)

Moralidad de la raza negra

En un libro nuevo de que se habla aquí mucho, "La Democracia triunfante" de Andrew Carnegie, se lee este párrafo consolador, que no sorprende a los que tenemos fe en el negro:

"Es grato observar que la raza de color muestra la proporción menor en las estadísticas del pauperismo en los Estados Unidos, contra lo que auguraron antes de su emancipación los que la acusaban de incapaz, pervertida y perezosa. Reducidos a los factores de la población norteamericana, resulta que por cada mil blancos hay catorce páuperos, y por cada mil negros solo siete."

Esto, a pesar del desdén con que es tratada la raza en el Norte y la ignorancia en que aún vive en el Sur. En New York, a pesar de su visible ennoblecimiento, todavía se les mira como si solo viviesen por merced. Solo a la industria de la gente de color o a la bondad de su corazón puede atribuirse este hecho que la honra, sea una u otra condición su causa.

"Moralidad de la raza negra" *El Economista Americano* nov. 1886 p. 4 (Original en el Ibero-Amerikanisches Institut, Berlín)

Recuerdo de Bartholdi

Los lectores de El Economista apreciarán sin duda los bellos grabados que adornan este número, que en lo breve de nuestro espacio hemos dispuesto de manera que recuerde sin mezquindad la noble fiesta con que consagró New York la entrega solemne de la estatua de la Libertad.

Nos es grato consignar que debemos esos grabados a la bondad de los Sres, Farrand & Everell, impresores y editores de excelente fama, de cuyas prensas, celebradas por el arte de sus publicaciones, acaba de salir, con el título de *Bartholdi Souvernir*,[8] una correcta historia de la estatua, presentada allí con todo el lujo tipográfico y elegante originalidad que convenían al asunto consagrado.

Venden ese cuaderno, que es digno de conservarse, los mismos editores Farrand & Everell, 107, Jhon (sic), New York.

"Recuerdo de Bartholdi" *El Economista Americano* nov. 1886 p.4 (Original en el Ibero-Amerikanisches Institut, Berlín)

---

[8] Con énfasis en el original

Frutas Mexicanas

El Sr. Sutter, cónsul de los Estados Unidos en Acapulco, informa que en un radio de 40 millas desde dicho Puerto, la producción anual es la siguiente:

Naranjas..$1.000,000

Limas...15. 000, 000

Piñas...500,000

Cocos...500,000

Plátanos (racimos)...6,000

Ídem sueltos...1.000,000

Que en el puerto se venden a estos precios:

Naranjas, el millar...$5.00

Limas, caja de 1, 000 ....3.00

Piñas, el ciento...6.00

Cocos, el ciento...2.50

Plátanos pequeños, el racimo...38

Idem grandes, el millar...8

De las frutas anteriores, las que tienen mayor demanda en el mercado de San Francisco, son las piñas y las limas, embarcándose anualmente para ese puerto 15,000 cajas de limas, 20,000 naranjas, y 12,000 piñas.

"Frutas Mexicanas" *El Economista Americano* nov. 1886 p. 4.
(Original en el Ibero-Amerikanisches Institut, Berlín)

El viaje de Sr. Charles H. Odemar

Los negocios de nuestra empresa llevan de nuevo fuera de New York a nuestro amigo y representante el Sr. Charles H. Odemar. Esta es la vida de hoy para los que quieren vivir honradamente: movimiento y trabajo.

El Sr. Odemar va a Cuba y a México. El ECONOMISTA reconoce su deuda de gratitud a sus numerosos amigos en ambos países, y agradecerá como propia toda atención con que se distinga al Sr. Odemar, con quien pueden tratarse ampliamente todos los asuntos relacionados con nuestro ECONOMISTA, y con la casa editora de P. Philippson & co.

Rogamos a nuestros suscritores que al hacer pedidos de las mercancías anunciadas en El ECONOMISTA AMERICANO, se sirvan mencionar su nombre en el pedido, seguros de que esto les será ventajoso.

"El viaje del Sr. Charles H. Odemar" *El Economista Americano* nov. 1886. P. 4 (Original en el Ibero-Amerikanisches Institut, Berlín)

"¡Si están hechos para eso!

Así responden los egoístas cada vez que se les habla de las privaciones de los pobres. Nada les importa que una infeliz mujer tenga que andar cinco leguas al día, como en algunos lugares, para venir a ganar una pitanza ruin. Nada que vivan millares de obreros en agujeros hediondos, cuya mera cercanía produce nausea. Nada tanto dolor, que no tiene todas sus raíces en la inferioridad fatal de muchos seres humanos: "¡si están hechos para eso!"

Para esas gentes viene a cuento una anécdota que encontramos en un libro. Hablaba en tiempos de la guerra del Sur un juez partidario de la esclavitud con un negro fugitivo.

--¿Por qué huiste?

--Bueno, Juez: yo quería ser libre.

---¡Ah! ¿con que querías ser libre? Mal amo, supongo.

--Oh, no, señor: el amo muy bueno.

--¿Mucho trabajo, pues?

---No, no señor: trabajo regular.

--¡Ah, bien! ¿mala casa entonces?

--¿Mala casa? Ya quisiera yo que el Juez viese mi casita en

Kentucky,

---¿No tendrías bastante qué comer?

--Qué! ¿que no tenía yo qué comer en Kentucky? ¡Comida de sobra!

Entonces el juez, un poco amostazado, le dijo al negro:

--Pues si tenías buen amo, bastante que comer, trabajo regular, y buena casa ¿Por qué te entró en el magin la idea de huirte?

--Bueno, Juez: allí dejé el puesto vacante: Vd. puede ir y tomarlo.

Es fama que el Juez se volvió abolicionista.

"¡Si están hechos para eso!" *El Economista Americano* nov. 1886 p. 4. (Original en el Ibero-Amerikanisches Institut, Berlín)

Fuerza en la luz

Del sol viene la fuerza. Esto, que la poesía había entrevisto, la ciencia, que viene siempre detrás de la poesía, ahora lo demuestra.

Se lee hoy en los diarios que un caballero Tellir ha sometido al estudio de la Academia de Ciencias de París un sistema ingenioso, por el cual se utiliza la luz del sol para extraer el agua, y tiene ya uno de sus aparatos en función en una fábrica de Auteuil, que saca de un pozo 1, 200 litros de agua por hora.

Pero Ericson, el inventor del monitor famoso, tenía ya inventado algo semejante al descubrimiento de Tellir.

Consiste el aparato en una caseta rectangular, de fondo hemisférico, cubierta de espejos que reflejan los rayos solares en una caldera cilíndrica dispuesta transversalmente. El calor del sol hace hervir el agua, y el vapor, que pronto alcanza una presión de tres atmósferas, se utiliza para poner en acción un pequeño motor que hace funcionar a una bomba.

"Fuerza en la luz" *El Economista Americano* nov. 1886 p. 4.
(Original en el Ibero-Amerikanisches Institut, Berlín)

Advertencia a nuestros suscritores

Nuestros suscritores habrán extrañado no ver llegar a sus manos el número de Octubre. Ahora nos excusarán, al recibirlo unido al de Noviembre en este número, con la descripción, acompañada de grabados bellos, de festejos históricos con que consagró New York la estatua de la Libertad que adorna hoy su bahía.

Nada han perdido nuestros suscritores, porque el número de hoy es doble en tamaño, y lleva la misma materia que dos de nuestros números ordinarios.

"Advertencia a nuestros suscritores" *El Economista Americano* nov. 1886 p. 4. (Original en el Ibero-Amerikanisches Institut, Berlín)

El servicio de vapores en México

El mes pasado llegó a New York el vapor México, inaugurando la serie de viajes periódicos que, según contrato con el Gobierno mexicano, hará la Compañía Transatlántica Española entre los puertos de la Habana, Progreso y Veracruz, combinados con las líneas de Europa y Estados Unidos de dicha compañía, mediante una subvención de $5,000 por viaje, y el abandono de un 2% sobre los derechos de importación cuyo 2% cede la compañía a los comerciantes de México que usen sus vapores, como un aliciente para los [que] prefieran por esta baratura a los de las líneas rivales de otros países.

Este contrato nos llevaría acaso a algunas reflexiones que no estarían demás, si se tratara de otras tierras de América que no fueran México. Porque importa, cuando se estrechan relaciones con un país, saber con qué espíritu verdadero se estrechan y qué resultados nacionales para el carácter privado o el adelanto público pueden venir de esa amistad. Ahora mismo no es vano decir que, por simpático que fuese el ímpetu con que desenvuelve sus negocios esa compañía Transatlántica que habla nuestra lengua, no sería ventajoso a los países americanos entablar relaciones privilegiadas con ella, si eso hubiese de fomentar, como muchos desean, una infecunda pasión por el antiguo espíritu de España, aquel espíritu monárquico, arrogante y depresor que nos crio tan mal para las fatigas de la vida pública, y desdice por entero de la magnífica sed y universal espíritu de los pueblos de nuestra América, donde crecen en fructuoso y necesario desorden con toda la pompa de su naturaleza las semillas más generosas que ha sacado de su dolores y humillaciones el alma humana. Tenemos en nuestra América mezcladas, aunque no vean así los miopes, los cómodos, los coléricos o los precipitados, toda la arrogancia de los buenos caballeros de Castilla con el fervor de los oradores de la Revolución Francesa y aquella fe de los hombres magnánimos que concibieron la Constitución Americana. No somos solo palmas frágiles, de penacho sonoro y ondulante: somos ombúes, samanes, ahuehuetes, árboles de tronco fuerte y apretada copa, que paran los vientos y absorben sin morir el rayo. En cada país, los hombres son como los árboles. —Aquel espíritu, pues, agonizante en España misma, no ha de ser resucitado en América; ni podría serlo sin que influyese gravemente en daño del carácter nacional. Lo que es tanto más cierto cuanto que esas empresas nuevas y briosas, aunque rociadas ¡hay! de sangre americana muchas de ellas, de sangre santa y heroica, solo se han desenvuelto y prosperado merced al alma nueva que parece estarse entreabriendo en España por fortuna, y concuerda mejor con la catolicidad y expansión nativa en el alma americana. En ese nuevo espíritu, que en nosotros raya en locura y en España ya se está poniendo en acción, sí podrían ligarse sinceramente España y América.

Pero en México, estas ideas absolutas están sujetas a condiciones relativas, porque allí no es el problema mayor libertarse de espíritus añejos, contra los que el país está por su liberal naturaleza preparado, sino ir haciendo con tino una malla de relaciones extranjeras donde se enreden los pies a los vecinos osados. Nosotros lo sabemos muy bien, que vivimos en medio de los vecinos; así es que vemos con júbilo toda liga prudente de México con empresas importantes de tierras serias, pues de este modo se traban obligaciones públicas que servirán de freno, en los conflictos posibles en el porvenir, al diente inquieto del Americano.

"El servicio de vapores en México" *El Economista Americano* nov. 1886 p. 5. (Original en el Ibero-Amerikanisches Institut, Berlín)

La lección de Buenos Aires

Nos da pena decirlo, porque puede parecer exageración; pero no creemos que haya hoy país, fuera de los Estados Unidos, que merezca tanto ser estudiado como la República Argentina. Sus adelantos no son de mera fachada, como los de otros pueblos; su grandeza, pues que la tiene de veras, no consiste en la abundancia inútil de recursos naturales. Lo que ha dado a la Argentina su carácter de nación no es su pampa enorme, no es su gaucho fantástico, no es su milicia gloriosa de la independencia, no es siquiera su hermoso modo de morir cuando la tuvo sometida a su poder bestial el tirano que se produce siempre en los pueblos primitivos. Lo que saca a la Argentina por sobre los demás pueblos de la América Española, y la hace respetable a los países más arrogantes y antiguos, es su determinación inusitada de vivir como un pueblo científico, aunque parezca atrevida la frase, de poner en acción inteligente todos los elementos modernos, de no dejar al azar caprichoso la mezcla de las cualidades que han de definirla, sino de descartar de la vida de la nación todo elemento que no sea rigurosamente aprovechable, de criarse en lo físico con el mismo cuidado exquisito con que cría la Zootechnia sus especies perfectas. Y hace bien: que así como acelera una alimentación sabia el predominio de las calidades útiles en el animal a costa de la absorción o merma de las calidades inútiles, así el propósito firme y el conocimiento claro extirpan en los pueblos en la época de su formación los factores lentos, inertes o nocivos.

Un detalle cualquiera, bien estudiado, revela la justicia de esta observación nuestra; y lo estudiamos con placer, no por alabar a un país que tiene razón para desestimar, por interesadas, muchas alabanzas, sino porque sabemos que se han de leer con gozo y atención en toda nuestra América.

Es un detalle sencillo: el primer número de una revista que ha empezado a publicarse en Buenos Aires con el título, que se recomienda solo, de Anales de Instituto Agronómico de la Provincia de Buenos Aires. Hojéesmoslo, porque vale la pena. En la segunda página, después de un sumario de materias prácticas, hay un ruego a la prensa, impreso en francés, alemán, inglés e italiano. Entre los anuncios que preceden al texto, descuella el de la Estación Agronómica de Santa Catalina, donde por dos pesos se analiza la calidad de las tierras, y por cuatro se hace un análisis cuantitativo, o el de los pastos, abono, leche, papas, harina: así se sabe exactamente lo que se tiene y lo que se produce, y en qué es malo, y qué factor falta para ser bueno, y en qué grado, y qué ha de hacerse para mejorar la tierra o sus frutos, y si se ha de insistir en el cultivo o abandonarlo. Al pie del anuncio de la

Estación Agronómica, se avisa al público que puede enviar gratis sus animales enfermos al Hospital de Clínica Veterinaria, anexo a la estación. Gratis también da toda la vacuna que le pida el Conservatorio de Vacuna Animal que como el Hospital, es una rama del Instituto Agronómico Veterinario de la Provincia, donde aprende prácticamente un número crecido de alumnos el cultivo inteligente de la tierra, y la cura y fomento de los animales. Allí tiene el Instituto afamados sementales, como El Plata, lindísimo padrillo puro de carreras, que ya lleva servidas muchas yeguas famosas, el Rio Negro de raza Trakehnen, y el Nauquen de raza Suffolk-Punch, --la aristocracia de las crías: por supuesto hay buenos toros Hereford, Durham, y Polled-Angus: con estos padres provee el Instituto de reproductores de raza a precios módicos. El Instituto es un vasto edificio, cómodo y regular, en cuyo centro se eleva una elegante torre: la administración del harás está en un edificio especial, de noble apariencia.

Todo eso revelan los anuncios y las láminas. ¿Y el texto? El texto no es, como sería en otros países, aun en publicaciones de esta clase, una serie de encomios pomposos a las ventajas de la agricultura, dichas con un fraseo hueco que roba espacio para la verdadera enseñanza. El lenguaje, es verdad, no peca de mayor pureza, ni perdería nada con ser un poco más cuidado, aunque le sobre en espíritu lo que pudiera faltarle de atildamiento. Solo este consejo vale por muchas lindezas literarias: "No basta ganar dinero en abundancia en las grandes industrias del país: es necesario aprender la ciencia de su inversión con provecho, con método y sin desperdicios." Pero veamos todas las noticias de obra real que nos da este solo número: --Se van a establecer unas nuevas "usinas frigoríficas" para la preparación de carnes congeladas, con destino principal a Cuba e Inglaterra: hay una Oficina Química Municipal en Buenos Aires, donde se estudia "el suelo, la densidad, la composición química, el aire contenido en un volumen dado de tierra, y el poder absorbente para el agua, la atracción capilar para el agua y el poder de absorción para las materias orgánicas y minerales," todo para conocer de seguro las condiciones higiénicas de la ciudad, y el modo de mejorarlas. Se van a construir en la Provincia diecisiete canales, que atraerán, mejorando las condiciones de riego y aumentando las vías, nueva población agrícola, y serán pagados con el producto de una emisión de $55.000,000 en títulos de deuda exterior, que se llamaran Bonos de Canales. Se está ensayando, con éxito, la importancia del ganado de raza charolesa, preferible a la Shorthorns para la "mestización." Se ha fundado en Buenos Aires con amplios auspicios un Instituto Pasteur, para impedir y curar la hidrofobia, dirigido por el ilustre médico Pirovano. Se trata de enaltecer en el país, que es ganadero, la importancia de la cura de animales, y crear, como rama menor del Centro Médico, una Sociedad de Medicina Veterinaria.

¡He ahí una sola página de la historia viva de esa noble tierra en cuya mejor Universidad apenas se enseñaba hace un cuarto de siglo teología y lengua latina! ¡Solos, tintos todavía en su sangre fresca, abandonados en un rincón ignorado del mundo, un puñado de argentinos intrépidos y generosos comenzó a levantar, y ha creado en un cuarto de siglo, una nación que no cede en empuje, riqueza y sed de progreso a la más próspera y atrevida de la tierra! ¡Oh, no: nosotros no tenemos que aprender actividad de estos pueblos fríos, que no nos sacan más que ventajas relativas, ventajas de antecedente de posición y de tiempo!: ¡oh, no, nosotros no desconfiamos de nuestra raza!

Cincuenta buques salieron en el mes de Octubre de los puertos de los Estados Unidos para la República Argentina: ya tenemos noticia de cincuenta y dos buques que están a punto de salir para el Rio de la Plata.

"La lección de Buenos Aires" *El Economista Americano* nov. 1886 p. 5. (Original en el Ibero-Amerikanisches Institut, Berlín)

Libros Nuevos. "Pifias del Ajedrez" de Nicolás Domínguez Cowan,[9] "Análisis del Juego del Ajedrez" de Andrés Clemente Vázquez

Nos viene de México, hermosamente impreso, un libro hidalgo, ya por la elegancia y discreción que todo él respira, ya por lo castizo y sabroso de los comentarios con que su autor, el distinguido cubano Nicolás Domínguez Cowan, apunta las pifias de ajedrecista afamados en las partidas que transcribe. Y tan bien hecho está el libro, que burla burlando viene a ser como una guía literaria del noble entretenimiento del ajedrez, aunque en apariencia no sea más que una colección de juegos, escogida por mano de maestro para que se vea como pueden "bostezar los dioses." Entre las "pifias" no ha de incluirse por cierto el prólogo, que es donairoso y ameno, ni los comentarios, animada revista en que pasan contritos los jugadores más gallardos, desde Rui López de Sigura, que divertía los ocios acres de Felipe II, hasta Eguiluz., de

---

[9] El libro de Domínguez Cowan se publicó en México en 1886, y el autor se lo envió a Martí, quien era su amigo. En su carta del 24 de febrero de 1887, Martí le decía a Domínguez Cowan "¿Con que no han llegado a manos de V. dos números de "El Economista Americano" que puse yo mismo, en diciembre, en el correo, y le hubieran dicho que sí recibí las Pifias, y me parecieron todo lo que allí digo?" (OC 20, 320)

México, y Andrés Clemente Vázquez, de Cuba, brillantes y novísimos mantenedores.

Esto nos trae a la memoria, para que se vea como nuestra raza sobresale tanto en lo sutil como en lo hojoso, que el cubano Andrés Clemente Vázquez,[10] sobre ser orador de empuje, cabeza de fuerza, y abogado de mérito, ha escrito un "Análisis del Juego del Ajedrez" que goza ya de justa fama, y debe estar en la mesa de todo jugador, por no haberlo tan bueno que no tenga algo que aprender del libro. Allí está todo: las reglas generales y la apertura de los juegos, y sus fines, habilidades y problemas. No hay tratado más claro y completo, ni escrito con mayor urbanidad y soltura, como que el autor se sabe de memoria en todos sus lances y osadías cuantas combinaciones puedan ponerse en el tablero. Avalora el libro, que es un verdadero código, una buena colección de juegos difíciles o célebres.

A un cubano también, al eminente ajedrecista Dionisio Martínez, que es persona magna entre los de esta afición, dedica sus "Pifias" Nicolás Domínguez Cowan, quien pone curioso remate a su libro con una traducción hecha en verso español por David León del poema que escribió sobre el

---

[10] En la misma carta a Domínguez Cowan Martí le dice: "¡dejar de escribir lo justo de la obra de mi amigo! Y de intento lo puse en un número que había de ser leído. Tomé ocasión de las Pifias para pagar mi deuda a Andrés Clemente Vázquez" (OC 20, 320).

ajedrez aquel rabino de Aben Ezra, cuyos cantares son todavía himnos cotidianos en las casas judías. Si se han de entretener los hombres, sea en cosas tan intelectuales y honestas como el juego que tiene tan cabal tratadista en Andrés Clemente Vázquez, y comentador tan pulido y donoso en Nicolás Domínguez Cowan.

"Libros Nuevos. Pifias del Ajedrez de Nicolás Domínguez Cowan. "Análisis del Juego de Ajedrez" de Andrés Clemente Vázquez. *El Economista Americano* nov. 1886 p. 6. (Original en el Ibero-Amerikanisches Institut, Berlín)

"La Plata Countries of South America" (Los países del Plata) Por E. J. Clemes

Un misionero metodista, E. J. Clemens, acaba de publicar en Filadelfia un libro de viajes con ese título, más claro que propio. El libro está escrito con muy buena fe; pero sin aquel tiempo de espera y mirada profunda que son necesarias para asimilarse en su verdadero valor los elementos de un país desconocido. Ni parece tampoco que el autor llevase aquel conocimiento de la ciencia de los pueblos que es preciso para medirlos relativamente, que es el único modo de estudiarlos en justicia.

En las ciudades, por ejemplo, ve más lo aparente que lo esencial, y está más a las formas que al espíritu: bien es que él llama a ciertas partes del libro "una ojeada": *A glance at Uruguay*. Montevideo le pareció la ciudad más bella del mundo al Sur del Ecuador, aunque estuvo allí tan poco, que no aprendió a decir *changador*, sino *chancadero*, y tertulia en vez de turtulia. Habla mucho de patios, miradores, conventillos y rejas; de procesiones, entierros y toros; de la villa Colón y del cementerio: habla de precios, monedas y comodidades; pero no se apercibe del encanto del país, de la viveza de la raza y su capacidad extraordinaria para la cultura, del contraste saliente entre los caracteres audaces y genuinos de la "campaña" y los caracteres universitarios y reflejos de la ciudad: "no ha sentido latir el corazón de la Francia."

En Buenos Aires no entra mal, pues entra haciendo justicia; y gusta leer en un libro de norte-americano lo que allí se lee de la República Argentina: --"La impresión más natural de un americano, al visitar la República Argentina," dice, "es una impresión de asombro: asombro ante su extensión, sus recursos, sus aspiraciones, su espíritu de progreso y la cultura que contrasta con las ideas arrogantes que lleva allí el extranjero, a quien acaso por la primera vez le ocurre que todavía no sabe todo lo que hay que saber." Ese espíritu anima todo su viaje por el interior de la República, donde ve más lo pintoresco y extraño que lo que pudiera inflamar al poeta o interesar al sociólogo. Así estudia a Bolivia. Al Paraguay, y al Plata Brasileño. De estadística dice bastante; pero mucho menos que el minucioso Manual de Muxhall.

Tiene el libro su parte histórica, prepara con un poco de prisa, aunque no enteramente desdeñable, sobre todo en sus consideraciones religiosas. El capítulo 28 sobre "Religiones antiguas" lleva un epígrafe tomado de los "recuerdos de Provincia," de don Domingo Sarmiento, cuyo carácter y vida pública parecen interesar especialmente a este atento viajero. Describe con mano cariñosa las fiestas de los indios, y en su capítulo sobre la influencia de los Jesuitas, resume de esta manera su juicio acerca de la obra de estos en el Paraguay – "Su gobierno en las treinta reducciones que tenía bajo su absoluto dominio produjo los mismos efectos que el gobierno de los Incas: creó un pueblo enteramente incapaz de dirigirse y conservarse." Generaliza demasiado cuando dice: "La convención de Lutero creó el espíritu de la América del Norte: la conversión de Loyola fijó el estado moral e intelectual de la América del Sur."

Castiga las ideas sobre gobierno impresas en el Catecismo de los Jesuitas publicado en Córdoba, y copia un diálogo entre maestro y alumno, que en verdad da ira: el maestro habla como un verdugo, y el alumno tiembla en las respuestas como una oveja castigada. Así los pueblos dan lana; pero no ascienden al cumplimiento de su oficio divino.

Resume así el viajero su estudio histórico: "Contra este sistema (el sistema exclusivamente eclesiástico) se revelan, por su natural virtud., el espíritu de altiva independencia y soberana intrepidez que distingue a la raza española; y está escrito que esas dotes, ayudadas por todas las demás condiciones sociales del Nuevo Mundo, acabarán por echar abajo las barreras artificiales levantadas para esclavizarlo."

"La Plata. Countries of South America" (Los Países del Plata por E. J. M Clemens) *El Economista Americano* nov. 1886 p. 6 (Original en el Ibero-Amerikanisches Institut, Berlín)

"El Primer yacht del mundo"

A todo lo suyo suelen llamar los norteamericanos "lo primero del mundo," siguiendo en esto la naturaleza del hombre, que cree que lo que le pertenece o atañe en algún modo ya está por esto solo santificado y como imbuido de cualidades benditas. Pero acá en especial no se contentan con tener cosa que no sea "la primera del mundo," aunque bien examinada resulte ser una imitación infeliz, o una burda charlatanería. En mucho, sin embargo, tienen razón: ¿qué libertad como la suya, a pesar de sus imperfecciones? ¿qué puente como el de Brooklyn? ¿qué ferrocarril como el de San Francisco? ¿quién les iguala en acometimiento para poner en planta lo que les pasa por la mente? Son los primeros en el mundo en desear, en realizar y en acometer. En generosidad, en cultura, en finura de alma, en simpatía humana, en eso no son los primeros.

Pero el mayor de los Vanderbilt acaba de celebrar el bautizo de un yacht de vapor que sí parece no tener en su especie semejante alguno. Ya se sabe que los Vanderbilt son todos de oro: oro rebosa en el yacht, realza sus ornamentos, alegra sus paneles de madera fina, y en leve cinta da la vuelta al barco entero, realzando con un gracioso filete el color de plomo de que está pintado el casco. En lo interior, el yacht es una maravilla: de babor a estribor corre el salón de comer, hermoseado por una arrogante chimenea: del comedor lleva un amplio pasadizo a la biblioteca, que también tiene una chimenea que ha de ayudar a bien leer en las veladas de invierno los poemas y novelas que repletan los estantes. Camarotes no hay, sino espaciosos cuartos, todos en blanco y oro, y cada cual con mueblaje diferente, y todo lo que ayuda al reposo y aseo en el mar: para la familia del dueño hay nueve habitaciones seguidas, a un lado del yacht: del otro lado está la biblioteca y otros siete cuartos para huéspedes,-porque es uso, en estos largos paseos por el Océano, llevar a bordo cierto número de invitados íntimos, que impiden la monotonía en el viaje, y cuentan luego la magnificencia del anfitrión. Lo mejor del buque, a nuestro modo de ver, es la amplitud y limpieza de la galera de los marineros, cuya miseria en los barcos comunes hace odiar la vida. Los oficiales, por supuesto, tienen cuartos cómodos y alhajados con esmero.

El bautizo fue una graciosa ceremonia. El yacht se llama Alba, por el nombre de la esposa de su dueño; y una hermana de ella, casada con el cubano Fernando Iznaga, fue la madrina el 15 de Octubre. A estribor del buque habían puesto en una canal de pino blanco inclinada hacia el río una botella de champaña del país, que a decir verdad no es malo: y en el instante en que el yacht fue lanzado al agua, la señora de Iznaga rompió con un martillo de plata la botella, y la espuma del vino rodó canal abajo a tiempo que la madrina decía: "Alba." La quilla encarnada se hundió después majestuosamente en el río turbio.

El buque es de dibujo casto y leve, sin robustez ni pompa innecesarias. El casco y la cubierta son de acero, y aunque fue armado en Wilmington, las calderas, la máquina y la rueda del hélice, que es de bronce manganeso, vinieron de Inglaterra. De alambre de acero es el aparejo, de cáñamo de Rusia las cuerdas, y los mástiles del mejor pino de Oregón. $400, 000 cuesta todo y el mantenerlo no bajará de $60,000 al año. Toda esta fortuna vino de un simple marinero, que fue el creador de la casa, y hace cincuenta años llevaba en su bote a los pasajeros por unos cuantos centavos; pero era de los que levantan montañas, e hizo una de oro.

"El primer yacht del mundo" *El Economista Americano* nov. 1886 p. 6. (Original en el Ibero-Amerikanisches Institut, Berlín)

Nuestras gracias a la prensa de México

Nuestro representante y amigo el Sr. Charles H. Odemar ha venido de México prendado de la cordialidad con que le recibió la prensa de aquel querido país; y a nosotros cumple dar en su nombre y en el nuestro las más cariñosas gracias por las atenciones de los caballeros de la prensa mexicana a nuestro representante, y regocijarnos de que nuestro afecto al país, que ni recibe ni espera paga, la haya logrado, más gustosa y legítima que otra alguna, en la estimación de los que allí reflejan en sus interesantes diarios el sentimiento público.

En El ECONOMISTA AMERICANO tienen en New York un humilde albergue los caballeros de la prensa mexicana, a quien repite aquí su agradecimiento nuestro amigo el Sr. Charles H. Odemar.

"Nuestras gracias a la prensa de México" *El Economista Americano* nov. 1886 p. 6.

HENRY GEORGE

Tiene el espíritu humano condensaciones y levantamientos, y mientras de una parte tiran unos a podrirlo, con conmovedora y magnética hermosura se levantan otros a defenderlo y preservarlo. Hay dulces almas, llenas de generosidad, consagradas como por una investidura invisible a aventar las malicias que acumulan sobre el mundo las almas despóticas o interesadas. Se levanta ahora en los Estados Unidos un hombre de inefable y penetrante espíritu, en quien lo superior de la razón y lo cabal del instinto de justicia dan fortísimo encanto a la pujanza con que castiga e intenta cambiar las desigualdades inicuas de que padece innecesariamente el hombre. Nació de mansa cuna; era impresor de oficio; aprendió de la vida sus ideas: entendió que para curar es preciso conocer; y en vez de aumentar con lamentos estériles la desdicha, echó su juicio sereno, como quien echa una luz, por entre las agonías que indignaban su mente armoniosa y le henchían el corazón de una febril piedad. Cuando creyó saber de dónde venían la pobreza y los vicios, escribió un libro que se leerá de pueblo en pueblo, como desde hace un siglo se viene leyendo "La Riqueza de las Naciones". Pero no: se leerá más, porque a nuestro americano le movió al estudio de la economía de los pueblos un espíritu semejante a su intensidad y pureza al espíritu de

Cristo. Ese es HENRY GEORGE.

Tendrá unos cincuenta años, y no hace más que cinco que empezó a ser famoso, desde que produjo en New York su libro *El Progreso y la Pobreza*, que hoy tiene cada trabajador debajo de su almohada, y cada hombre de pensamiento al lado de su pluma. No vale solo por lo que resuelve, sino por lo que enciende en caridad las almas. Ni una palabra de odio contra los privilegiados de la fortuna hay en este libro escrito por uno de los humildes de la tierra. Lo ameno y patético de su raciocinio formidable seduce a los mismos cuyo bienestar amenaza con sus dogmas. Tuvo cuidado de adelantar a sus conclusiones los datos en que las establece, y no cometió el error de dejar solo al sentimiento, que más brilla que salva; sino lo produjo del examen, puesto que ya los hombres no se dejan arrebatar sino por lo que les conquista la razón. No se deben levantar, se dijo sin duda, las tormentas que no se pueden calmar. Y vale más dejar el mal tranquilo si se ha de revelarlo antes de tener a mano su remedio. Los meros agitadores son criminales públicos.

***

¿Cómo es, se dijo George, que los progresos materiales e intelectuales del hombre, no solo no evitan la degradación y la miseria, sino que las producen? ¿Cómo es que la libertad de las instituciones, la riqueza del suelo, la enormidad de la riqueza nacional, la rapidez de las comunicaciones de mar y de tierra, y el perfeccionamiento de las industrias, no han creado, al combinarse, un estado social pacífico y equitativo, en el que cada criatura humana desenvuelva sin penuria y sin odio el ser completo, sino que por lo contrario se viene a parar en que los que más trabajan han de mendigar como un favor un salario insuficiente e inseguro, mientras los que trabajan menos aglomeran y dilapidan verdaderos montes de oro? Qué hierro infernal marca al nacer al hombre, en cuya virtud cruza la existencia como condenado, sin hallar el trabajo que sus brazos requieren, el alimento que apetece el cuerpo, y el sosegado cariño por que suspira su alma?

Puesto así el problema, que empezaba a ser fuerte para ser innegable, George estudió, desembarazado de teorías, los elementos vivos de la producción de la riqueza pública, en su valor y relaciones; las varias clases de propiedad actual, y cuál es del hombre legítimamente y cuál no lo es; las partes justas del producto del trabajo que deben ir a cada factor de él, según su importancia en la producción; las causas que en una comunidad de hombres iguales permiten la acumulación de la riqueza fuera de toda relación con el trabajo e inteligencia de los que la acumulan; las razones anormales que privan a los hombres útiles de empleo y sustento en un pueblo rico, en que cabría con holgura triple población de la que lo habita ahora: y después de traer desde su raíz todos esos males e inconveniencias, y eslabonarlos con lógica tan cerrada que no hay diente de sierpe que los muelle, Henry George deduce que la causa principal de las desigualdades sociales, y de la degradación, furia y miseria que inevitablemente les siguen, es el repartimiento en propiedad constante del suelo nacional, que no es legítimamente de nadie porque nadie lo puede producir, y solo debe pertenecer en arrendamiento a los que saquen fruto de él, cuyo fruto sí verdaderamente les pertenece, en tanto que la renta del suelo debe ser pagada a la comunidad para atender a los gastos necesarios de conservación, defensa y mejora públicas.

Así el que viene al mundo con dos brazos tendría tierra donde emplearlos, como tiene aire que respirar, agua que beber, sol que lo caliente.

Así no privarían del mundo de trabajar a los hombres necesitados y útiles los que adquieren por dinero o influjo extensiones considerables de terreno, atraen con el producto de parte de ellas la población hacia sus dominios, y aprovechándose del aumento del valor que la población acumulada da a la tierra, la venden o la arriendan por cantidades onerosas a los mismos por cuya presencia e industria ha aumentado la tierra su valor.

Así no caerían en manos privadas las grandes empresas de utilidad pública, cuya propiedad es pública por su naturaleza, no solo porque los inventos de la mente humana deben aprovechar por igual a todos los hombres, sino porque ninguno de ellos puede existir sin la tierra, que aun en el injusto sistema actual sólo de la nación adquieren, que es su única dueña: y ¿por qué da la nación aquello por que ha de tener que pagar luego?

Así, como más espacio libre para edificar, y con una renta moderada por la ocupación del suelo, aumentaría el número de casas y cada familia podría vivir con decoro en la suya, no como ahora, que hay edificio [sic] donde viven hacinadas como cerdos, y hediondas y lívidas, mil doscientas criaturas, que van pudriendo la especie, que se cruzan como las bestias en la sombra, que mueren a carretadas: un sesenta por ciento de los niños muere cada año en estas infames casas.

Así, no acumulándose por concesiones ilegítimas de la tierra nacional en unas cuantas manos la riqueza maravillosa de la explotación de ella que iría a la nación, tampoco se acumularía el enorme poder que viene de ella en las corporaciones privilegiadas, ni sacarían estas de la circulación en su provecho exclusivo la tierra que es naturalmente para el provecho de todos los hijos de la nación, ni distribuirían entre unos pocos las sumas ganadas en virtud de la posesión de la tierra, que por esto pertenecen a la nación por entero y deben ceder en su beneficio, ni la ambición de los asociados en estas corporaciones reduciría, como hoy reduce, los salarios de los trabajadores a sumas que no cubren las necesidades primarias de la vida, para poder repartir entre los asociados el caudal estupendo que reviste de oro las paredes y construye palacios de tierra y de mar, faz a faz de la miseria y la ira de los que verdaderamente lo producen.

Así, libres los hombres de la penuria que los agobia, y de la cólera que los inquieta, obtendrían sin esfuerzo excesivo la remuneración debida a su trabajo, vivirían en salud y dignidad, y desaparecería una condición social en que la desigualdad injusta fomenta la guerra.

***

Acá solo exponemos, sin esquivar cobardemente nuestra simpatía, ni adelantar tampoco como nuestra la que es idea ajena, y solo hay aquí espacio para apuntar. Padres santos, obispos y filósofos, el de Aquino, el obispo Mac Nulty, Stuart Mill, Herbert Spencer, tantos más, concuerdan con George en que la tierra es de todo el pueblo que la vive, y que el hecho de nacer es un derecho inalienable y personal a la tierra en que se nace: solo se paran los filósofos en el modo de poner esta filosofía en acción: ¿cómo, sin un trastorno enorme, podrían pasar los pueblos del sistema actual de propiedad del suelo sobre que están constituidos, a un sistema totalmente diverso, que les arranca lo que se han habituado a considerar como suyo? ¡También consideraron como suyos, dice George, a los negros! ¿eran por eso los negros propiedad legítima de los hombres? ¿El que hereda lo robado, le quitará por el hecho de heredarlo la mancha de robo? ¿Qué derecho verdadero tiene un muerto a disponer para después de su vida de una tierra que él no trajo a la vida, ni creó con el trabajo de sus manos? Todo lo que él trabajó, sí es suyo: la propiedad es sagrada: Es propio del hombre, sea un centavo, sea un ciento de millones, todo lo que ha acumulado por el ejercicio de su brazo o de su mente: sin propiedad no tiene sabor la vida, ni la muerte es tranquila, ni crece el ser humano: pero lo que el hombre no ha producido no puede ser suyo. Es verdad, dice George, que el cambio al nuevo sistema sería radical; pero no tendría que ser violento. Lo que importa es que sea justo, como los filósofos lo acuerdan; que sea cierto que con el sistema actual no mejora el bienestar de los hombres, como no mejora, aun en el país más rico, y libre del Universo; que sea necesario, como es, para evitar tremendos conflictos, procurar con la mayor cordura posible un estado en que no haya causa para ellos, en la función equitativa, y libre de las capacidades y aspiraciones humanas.

Y para poner en planta el nuevo sistema, George, ha ideado un método tan racional y suave, que de todo lo de su libro es lo que causa más pasmo. No habría, según su método, que revisar un solo título de propiedad territorial, ni que privar de ellos a los que lo tienen, ni que alterar sus derechos en virtud de ellos: habría simplemente que irlos inutilizando por grados, de modo que cuando, a pesar del título la tierra hubiese salido en realidad de manos de los que la poseen, el sistema funcionaría ya tan seguramente en el bien general y palpable, que la pérdida del valor pagado por tierra se compensase por la mejora adquirida en virtud de la nueva organización pública. "No sería necesario confiscar la tierra, sino la renta." "Lo que ha de hacerse es apropiarse la renta en forma de contribuciones". "No hay que hacer más que abolir toda especie de contribución, y dejar solamente en vigor una contribución sobre el valor de la tierra." "De este modo, la simple reforma de la tarifa bastaría para poner en acción el nuevo sistema."

***

Semejante libro fue saludado como un soberano esfuerzo de la inteligencia. Ya está en toda lengua viva. En Inglaterra y en los Estados Unidos, no hay pluma que no haya escrito loores, ni hombre que sepa letras y no lo haya leído. No era "El Progreso y la Pobreza" la declamación colérica, sentimental o vacía de un espíritu justo e imperfecto, sino el estudio sesudo de un mal grave y visible, dulcemente calentado por un alma amorosa, que da en todo él magia de redención al raciocinio. Y en esto se vio la naturaleza humana, que es buena y agradecida antes que cauta e inteligente. El amor prendió en la masa, antes que el sistema en los intelectos. Los infortunados sintieron un amigo en aquel en quien los dichosos veían un pensador temible y los hombres de letras saludaban a un maestro. El amor es tan raro en el mundo que los hombres lo acogen con júbilo cuando aparece: y toda la maldad y el interés del Universo no impedirán que el hombre amante prevalezca. Los ingleses y los norte-americanos se apegaban a George, como a un Mesías. Se sujetaban en su cariño a la callada, de miedo que los dispersasen, como los galos en las cuevas alrededor del muérdago. En New York, donde vive George, se sentía que los trabajadores adelantaban, que se organizaban, que se defendían, que mostraban persona, que cansados de esperar remedio de los partidarios políticos que se suben al gobierno y la riqueza sobre sus votos, meditaban: meditaban en el modo de aparecer, y revelar su fuerza. Hasta que al fin, de súbito, surgieron, con ocasión de las elecciones de este otoño para Corregidor de la ciudad; y se supo una mañana con asombro que los obreros presentaban como su candidato para el oficio, no a un descompuesto hablador que se los tuviese ganados por sus furores, sino a aquel que nacido de su seno los sirve sin adularlos: a HENRY GEORGE.

***

Este ha sido un levantamiento conmovedor y admirable. Perdieron la elección; pero la ganaron. Cien años tiene de vida el partido demócrata, que viene desde la guerra de la independencia: treinta tiene el partido republicano, que se levantó, so pretexto de extinguir la esclavitud de los negros para abatir el predominio de los Estados del Sur en que privaba. Y este partido de los trabajadores apareció en Octubre de este año, armado como la diosa, y venció al partido republicano, y solo por 20, 000 votos (70, 000 contra 90,000) fue vencido por el demócrata que cuenta un siglo de existencia. En ímpetu, en entusiasmo, en generosidad, en espíritu, los venció a ambos. Venció a pesar de estar en los empleos públicos republicanos y demócratas; de tener por enemiga la policía que vigila las elecciones; de estimular con su aparición la actividad de los que hacen oficio provechoso de la política, y se ven amenazados en el pan. Venció a pesar de que, como contra todo movimiento poderoso, le movieron guerra vil, y los demócratas pelearon la elección como defensores de la propiedad contra "la mole temible y exaltada que la atacaba." Venció a pesar de que, en frente de los caudales que aquí se prodigan en tiempo de elecciones, ni un solo peso dio de su bolsa el candidato de los obreros, ni tuvo para los gastos cuantiosísimos de la compaña más que el centavo de los trabajadores.

El centavo de los trabajadores, el respeto de toda alma bien puesta, el pasmo de sus rivales, y la ayuda de palabra y de obra de mucho hombre de mente, de catedráticos de Universidad, de clérigos católicos, de sacerdotes presbiterianos, de un monje protestante que ha hecho su casa entre los pobres. Aquel vuelo de llama de la época virgen de la cristiandad, aquí se ha visto. Aquella creencia apasionada de la muchedumbre. Aquella pálida cabeza del caudillo. Aquel ardiente amor por los desventurados, e indignación ante los abusos de los poderosos. Andan los fariseos que no se palpan. Todos tienen palabras dulces para los infelices: ¡que hermanos tan repentinos, tan sumisos, tan amables y considerados! Como pavesas los va echando el viento la honrada palabra de este amigo del humilde.

El habla con la hermosura de quien en el taller del amor tiene bien madurado el pensamiento. Se le ven nacer de lo hondo los discursos, y su gesto familiar es apretarse con las manos la cintura, para echar de sí la verdad con más fuerza, o ponerse las manos detrás, como para dar el cuerpo mejor al enemigo. La campaña fue una bóveda de palmas. Duró un mes, en las calles, en los talleres, en los lugares de reuniones públicas. Los trabajadores le hacían una tribuna con un carro pintado de blanco. Su bandera era blanca. Peroraban con él cigarreros, carniceros, abogados, sacerdotes, empapeladores, ebanistas. Hablaba de día y noche, diez veces cada día. Retaba a sus competidores a discusión pública: no iban. La prensa, que es aquí empresa mercantil, le es enemiga: funda un diario. El día de la elección, lo rodeaban como a un padre en las casillas, cuando con el clérigo católico y el Gran Maestro del Trabajo las recorría en coche. Y ¡qué hermoso espectáculo!

Aquellos doscientos mil hombres que dejaron sus votos en las urnas, no hacían más ruido que el ala de una mosca: venían, votaban, se iban. El día estaba azul, limpio y brillante. Lo enlució aún más un excelente puñetazo que un obrero honrado dio a un político de esquina por hablar con desprecio de los trabajadores.

***

Así, con todo el orden de la libertad, queda fundado con el nombre de "Democracia Progresiva," el partido nuevo que en los Estados Unidos viene a disputar el gobierno por medios legales para reformar desde él, y con ellos, la organización social, devolver a la nación la propiedad de la tierra, y afirmar en este pueblo nacido del trabajo el predominio de la mayoría que lo practica. Tomará esta u otra forma. Continuará triunfando, o tropezará en detalles. Por cuestiones presentes demorarán la esencial que está más en lo futuro. Prevalecerá o no el sistema de nacionalización de la tierra. Pero es verdad que un libro amoroso ha traído por caminos de orden, en torno a un hombre bueno, los odios pujantes aglomerados con oscuridad de tormenta en el espíritu de los trabajadores. Aquí está el problema: solo queda la duda de si se resolverá por la guerra o por la paz.

Grande es la virtud de la libertad, y es su efecto visible rebajar en el hombre lo que tiene de fiera. El hábito de ejercitar su persona en periodos frecuentes le quita el anhelo de imponerla, que llega a ser desatentado donde se la comprime. Vuelve el deseo de vivir cuando se ve a los hombres ofendidos reclamar libremente sus derechos y fiar al convencimiento la victoria. Pero casi tan bello como el espectáculo de un pueblo libre es el de un hombre, concentrado por su propia reflexión en un monte de amor, de quien los afligidos se cobijan, donde la ley de nuevo truena y relampaguea, y donde, sin más fuerza que la que viene de su ser humano, resplandece la pujanza y benignidad de lo divino. Cría siempre el contraste las condensaciones: y el alma que posee una facultad, la acendra cuando vive donde no se abunda en ella: La indignación aumenta la virtud. Así Henry George, el impresor sencillo del pueblo de Sacramento, crecido con los dolores de todos los humildes, se ha jurado a ellos, se saca del alma confianzas y arrebatos verdaderamente bíblicos, recoge en sí, por la ira santa de que falte en su pueblo, la compasión por la desdicha, y vive como un hermano mayor entre los hombres buenos, y como un padre a quien se adora en el corazón de los necesitados. ¡Su bandera es blanca!

"Henry George" *El Economista Americano* nov. 1886 p.7-8.
(Original en el Ibero-Amerikanisches Institut, Berlín)

Hotel en México

Nos pregunta un caballero de Chicago bueno y viejo amigo de EL ECONOMISTA, a qué hotel de México le aconsejaríamos ir para pasar con agrado modesto unos cuantos días en la ciudad.

Creemos útil decir aquí lo que le hemos dicho en privado. México tiene buenos e históricos hoteles, donde se vive bien y grandemente; pero para los americanos que van de aquí, por varias razones de detalle, es especialmente agradable la permanencia en el hotel Humboldt, donde recibe con afecto y habla inglés el amable administrador Sr. Leonidas Ansoategui.

"Hotel en México" *El Economista Americano* nov. 1886 p.8.
(Original en el Ibero-Amerikanisches Institut, Berlín)

Un banco de Honduras

Ya lo decíamos en números pasados: Honduras crece. Y más hay que decir, porque así resulta del estudio atento de los caracteres en aquellos países adoloridos y simpáticos de Centro América: tan arraigado parece allí ya en los espíritus el deseo de procurar el desarrollo de la riqueza pública, que ni siquiera las convulsiones internas que aguardan a Centro América en los tres o cuatro años próximos perjudicará de un modo considerable estos adelantos, porque los hondureños, apartados en sus simpatías políticas como todos los hombres, están unidos, por todo lo que se ve, en el deseo común de hacer adelantar su tierra. Esto nos hace repetir lo que en los mismos Estados Unidos observamos, y es esto: la libertad política, esencial al hombre, no lleva precisamente a la prosperidad nacional: la prosperidad nacional lleva a la libertad política.

Acaso seamos los primeros en hacer saber al público que se ha establecido formalmente, con la benevolencia del Gobierno y el país, un banco en Honduras. El banco funcionará regularmente entre Honduras y New York, como una rama de la Compañía de Navegación y Mejora del Rio Aguan, que está aquí en buenas manos. Las oficinas del Banco en Honduras están en el histórico puerto de Truxillo, que va saliendo de sus pañales empolvados, de sus tiendas pastorales, de sus calles torcidas, de sus negros caribes, a los encantos y beneficios de una nueva vida. El banco del Aguan ha emitido papel garantizado por una suma igual en depósito visible en las oficinas del banco. Por cierto que las notas de a $5, $10 y $50 son de obra excelente, hecha con todo esmero por la "Homer Le Bank Note Co."

"Un banco en Honduras" *El Economista Americano* nov. 1886 p.8. (Original en el Ibero-Amerikanisches Institut, Berlín)

Cambio en el "Mexican Central"

Desde hace tiempo los que negocian entre México y los Estados Unidos venían sufriendo seriamente por las inconveniencias y demoras que acarreaba el mantenimiento de la Oficina de Fletes del Ferrocarril Central Mexicano en la ciudad de Chicago. Por fin, el cambio necesario ha sido decidido, y la Oficina de Fletes de ferrocarril se muda a la ciudad de México, en lo que ganará tanto el comercio como el ferrocarril mismo. El Agente en Chicago, Mr. Barlow, ha renunciado su empleo, y no se sabe aún quien ha de sucederle.

Es de justicia decir aquí que el agente del ferrocarril en México, Sr. Michaelis, se tiene conquistada la simpatía pública en la ciudad de México por su caballerosidad y afecto al país, y todavía podría servir al comercio con más prontitud y eficacia si se ampliaran las facultades de su empleo, de modo que en la ciudad de México estuviese el poder de decidir todos los casos que naturalmente en la ciudad se ofrecen, como el lugar más importante de todo el camino.

La agencia del ferrocarril en New York nos parece estar

también en buenas manos, por lo que hemos tenido ocasión de ver personalmente. Pero también creemos, por nuestra propia experiencia, que aquí en New York debía ser el caballero Keeler agente general de la Empresa para todas las transacciones del camino en los Estados Unidos. Porque New York es la metrópoli de estos, como la ciudad de México lo es de la República vecina.

"Cambio en el Mexican Central" *El Economista Americano* nov. 1886 p.8. (Original en el Ibero-Amerikanisches Institut, Berlín)

El Ministro de los Estados Unidos en Colombia

El Presidente Cleveland ha nombrado definitivamente Ministro de los Estados Unidos en Colombia a Mr. Dabney Meamym caballero de romántica historia, que abandonó, como tantos hombres del Sur, su puesto en el Ejército Federal, para servir con los rebeldes, y que ha hecho hablar de sí en batallas y en duelos.

Ya el Presidente lo tenía nombrado de Ministro desde el año pasado; pero en el Senado le acuso el General Sherman de haber emitido hace poco ideas hostiles a la Unión nacional, con alabanzas demasiado vivas a la bandera confederada, "bajo la cual pelearía otra vez, si fuera necesario."

Lo que debilita a Mr. Meamy en el Senado, precisamente lo fortalece en la estimación de su Estado nativo; así es que su influjo ha sido bastante para obtener del Presidente el nombramiento.

"El Ministro de los Estados Unidos en Colombia" *El Economista Americano* nov. 1886 p.8. (Original en el Ibero-Amerikanisches Institut, Berlín)

Teléfonos

Dos adelantos van perfeccionándose cada día en los teléfonos: uno es la trasmisión de la voz a grandes distancias en los teléfonos eléctricos: otro es el uso de los teléfonos acústicos, que por su baratura y perfección parecen llamados a sustituir a los eléctricos en las distancias cortas para que son construidos. Se cree, cuando se habla por los teléfonos acústicos, que se tiene en frente a la persona con quien se conversa, y hay que rogarle que no hable tan alto.

En los teléfonos electrónicos hubo en estos días un experimento interesante, que fue el de que estuviesen por largo tiempo hablando en chino de New York a Washington el Cónsul y Ministro del país de los trajes de seda. La voz llegaba triste, como voz de pigmeo, pálida, adolorida y no llena y perfecta como en los teléfonos acústicos; pero la articulación se oía distinta, a pesar de lo borroso de los finales de la lengua china. A 300 millas, pues, conversaron el Ministro y el Cónsul como si hubiesen estado mano a mano.

"Teléfonos" *El Economista Americano* nov. 1886 p.8. (Original en el Ibero-Amerikanisches Institut, Berlín)

Vapores al Rio de la Plata

Sabemos de cerca en el ECONOMISTA que se trata en serio, con probabilidades de éxito, de establecer por fin una línea directa de vapores entre New York y los países del Rio de la Plata.

"Vapores al Rio de la Plata" *El Economista Americano* nov. 1886 p.8. (Original en el Ibero-Amerikanisches Institut, Berlín)

REVISTA DEL MERCADO

Nueva York, Noviembre 20, 1886.

Juzgados en su conjunto, los negocios han sido bastante satisfactorios en los Estados Unidos desde nuestra última Revista, aunque en algunos ramos se ha notado cierto movimiento de reacción después del vivo tráfico que marcó la entrada del otoño. Esta reacción se explica en parte por la necesidad de los detallistas a compradores de ocasión, de ir colocando sus surtidos antes de repetir sus órdenes a los vendedores de primera mano, y en otra parte por lo mucho que absorben la atención política los asuntos políticos en época de elecciones, que este otoño han sido en todo el país muy interesantes y reñidas.

Decididas las elecciones, los negocios vuelven ya a su vida natural. Por lo que se ve hasta hoy, las importaciones han sido en este año muy considerables, mucho más por cierto que las exportaciones. Pero como las cosechas de cereales en Europa no han alcanzado este año a la producción usual, es de esperar una buena demanda por nuestro exceso de trigo, si la avaricia e imprevisión de nuestros especuladores no deciden, como otros años, una subida de precio insensata que aleje a los compradores europeos de nuestros mercados.

A reglón seguido comparamos las exportaciones e importaciones de 1885 y 1886, en los tres meses terminados en 30 de Diciembre.

	1886	1885
Exportaciones	$158,046, 953	$137, 863, 223
Importación	169, 661, 178	150, 227, 883
Exceso de Importación		

Durante ese último periodo de 1886 se exportaron $40, 358, 618 de oro y $19, 617, 785 de plata; y solo se importaron $14, 938, 103 de oro y $11, 830, 270 de plata, de modo que de los Estados Unidos salió moneda, conforme al balance, por valor de $33, 308, 030. Desde la segunda quincena de Agosto, sin embargo, ha empezado a volver de Europa el oro, y hay razón para esperar que para fin de año se habrán reintegrado nuestras plazas de las fuertes sumas que exportaron en el primer semestre.

Es un justo motivo de atención, que augura prosperidad creciente para los Estados Unidos, el aumento sensible de la inmigración en estos últimos tiempos. En setiembre de este año han desembarcado 40, 041 inmigrantes, mientras que en

Setiembre de 1885 solo llegaron por todo 27, 777 inmigrantes. Contando desde principios del año, resulta que en estos nueve meses han entrado 294, 720, contra 268, 688 que en el mismo periodo llegaron el año anterior.

La alza de la plata en Londres sobre el tipo de '46 de por onza es vista aquí con mucha satisfacción, como se verá sin duda en todos los países de América que la producen o la tienen como moneda principal.

Ya están preparando el Presidente y sus Secretarios sus mensajes anuales al Congreso que debe reunirse el 1º de Diciembre, y en ellos se insistirá sin duda en la necesidad de acordar prontamente la suspensión del acuñamiento obligatorio de una suma mensual de pesos de plata a que el mercado no ofrece salida, y se amontonan en las cajas públicas contra desembolsos de oro efectivo, una existencia de monedas que valen menos que el oro. También se recomendará al congreso la necesidad de reducir los derechos de importación, sobre todo en las materias primas necesarias para nuestras industrias. El sobrante en los ingresos de Erario ha sido tal que ha autorizado la rapidez con que continua redimiéndose la deuda pública, tanto que los bancos nacionales, que tienen que depositar bonos de Gobierno como garantía de sus notas en circulación, hallan dificultad para reemplazar los bonos a cuya entrega ha llamado el Tesoro, y se ven obligados por falta de bonos que depositar a reducir su circulación. Como el sistema de bancos nacionales ha demostrado ser seguro, y en todos conceptos excelentes, existe un deseo general de hallar un modo de continuarlos en las condiciones actuales, que amenazan en la base su existencia. Esta será otra de las cuestiones que los mensajes someterán a la decisión del Congreso.

Dado el caso de que el Congreso no pudiera, como es de temer por los compromisos políticos de sus miembros, llegar a un acuerdo sobre la reforma de la tarifa, la Administración hará por lo menos cuanto le sea posible para urgir la reglamentación del tratado mexicano y los demás tratados de reciprocidad pendientes, los cuales, a cambio de rebajas en los derechos, que bien puede hacer un Tesoro que cuenta con un sobrante permanente, abrirán, y en cierto modo impondrán, nuevos mercados para los artículos norte-americanos que hoy no tienen suficiente salida.

En las transacciones de especie, los préstamos a la demanda contra buenas seguridades han corrido del 4 al 9 por ciento, habiéndose hecho el grueso de las operaciones del 5 al 6 por ciento. El tipo de descuento del papel comercial ha sido de 5 ½ al 7 por ciento.

Los cambios sobre Europa han estado girando sobre el punto que permite la importación del oro, algunos millones del cual han llegado ya en la última semana.

Los bonos del Gobierno han estado muy firmes, lo mismo

que los de ferrocarril, que están en gran demanda como colocación muy deseable, ahora que cada vez escasean más los bonos del Gobierno, solicitados en vano por los mismos bancos nacionales que necesitan reemplazar, como depósito de sus notas, a los que el Tesoro ha llamado para pago. No solo en los Estados Unidos, sino en Europa, es activa la demanda de los bonos de ferrocarril como colocación de fondos, ahora que lo agitado de la política europea, y la posibilidad de una guerra que comprometa la Gran Bretaña, hacen desear a los capitalistas una plaza más tranquila para sus fondos y la colocación de estos en seguridades que los conflictos públicos no afecten de modo ruinoso.

En simpatía con este movimiento de alza, han continuado subiendo las acciones de ferrocarril. Esta animación y la confianza que inspira la estimación creciente de nuestras empresas por los capitalistas extranjeros y el aumento del tráfico, han resultado ya en la construcción de líneas nuevas, y ramales, extensión y reparación de las antiguas, que ponen en movimiento las industrias, alarmadas hasta hace poco, a la vez que reciben su impulso del mayor movimiento en ellas. Ya van construidas este año más de 4, 000 millas nuevas de ferrocarriles.

En los bancos de New York existe ahora un fondo de reserva de 97, 125, 200 en dinero y papel (notas del Tesoro de los Estados Unidos) contra $350, 718800 de depósitos o sea sobre 26 ½ por ciento. Tienen prestado afuera $340, 994, 900 y sus notas en circulación llegan a 8, 173, 200.

Cotizaciones de Monedas y metales preciosos
[continua una lista larga de cotizaciones de varios productos]

Cotización máxima, mínima y final de los Bonos de Gobierno americano durante las cuatro ultimas sememas

[continua una lista larga de cotizaciones]

Tipos de cambio para letras banqueras sobre Europa.
[continua una lista larga de cotizaciones]

Aceites   [precios]
Alcohol
Algodón [precios]

Azúcar:-- Las transacciones en este importante artículo no han sido animadas, antes han mostrado cierta quietud. Las centrifugas cierran flojas aunque las clases mejores de moscabado se encuentren firmes.

El Profesor Wiley, químico titular del Departamento de Agricultura, ha continuado experimentando en Fort Scott, Kansas, con el azúcar de Luisiana por el procedimiento de difusión, y telegrafía al Comisionado de Agricultura que sus primeros cálculos sobre el resultado fueron demasiado bajos. De su segundo experimento resulta que de 83 toneladas de caña dieron 11, 100 libras, o sea 134 libras por toneladas de azúcar "prima" de excelente calidad. El Profesor estima que este es un rendimiento extraordinario, puesto que dobla la producción usual de la misma clase de caña por el procedimiento primitivo.

Cotizamos por lib.

Cuba

Puerto Rico

Brasil

Manila

Refinado, -A pesar de que producción se ha reducido, la tendencia es a la quietud, y la demanda escasa.

Bálsamos

Cacao.- La demanda no ha sido más que moderada últimamente: pero los precios no han cedido, y quedan firme aunque sin tendencia a la alza.

Café. –Ha habido movimiento de oscilación en el mercado de los de Rio, debidos a causas temporales; pero la tendencia constante es a la alza. El del Oriente y las Antillas, quedan quitos aunque firmes.

[lita de varios precios]

Carbón. Aunque la temperatura ha sido suave, el mercado muestra una firmeza tenaz a la baja. La producción de antracita en los distritos de carbón de Pennsylvania desde el 1º de Enero a 6 de Noviembre fue de 27, 071,050 toneladas contra 26, 359, 988 en el mismo periodo de 1885. Queda cotizándose por tonelada de 2, 000 lbs. de $2.75 a 3. 25.

Caucho. –El mercado está enteramente desmoralizado; y como los compradores creen que los precios todavía han de bajar, no muestran deseos de comprar por el momento. Las clases medianas quedan relativamente firmes.

[A continuación hay una lista de precios]

Cueros de res. Ha habido una buena demanda de casi todas las clases, y los precios cierran firmes.

Las existencias el 1 de Noviembre eran 31, 600 cueros, en vez de 124, 384 en la misma fecha del año pasado.

Se cotizan: [precios]

Drogas y productos químicos. –Los vendedores de primera mano no están satisfechos del mercado, que muestra poca animación: pero los compradores de ocasión dicen que tienen buena demanda.

Cotizamos

Alumbre

Opio

Morfina

Sulfato de quinina

Mercurio

Ipecacuana

Cenizas de Sosa

Especias. El artículo no ha ofrecido cambio perceptible.

Pimienta negra, roja

Nuez moscada

Casia, China

Casia, Saigón

Clavos de especias

Jenjibre

Fibras.

Frutas. Ha estado verdaderamente animada la demanda de toda especie de frutas del extranjero.

Géneros. El tráfico ha seguido bastante activo, aunque durante la última semana la demanda a primeras manos se ha debilitado, porque los que compran de ella quieren colocar parte de sus surtidos antes de hacer pedidos nuevos.

Exportaciones desde el 1 de enero hasta el 6 de Noviembre.

[A continuación años y cotizaciones]

Harina. Ha habido un buen negocio de exportaciones para las Antillas y la América del Sur.

Cotizamos: [A continuación hay una lista de productos y precios]

Maderas de construcción: Los embarques recientes más importantes han sido para los países del Rio de la Plata: algunos de los embarques ha sido de consideración. Los precios no han cambiado, y quedan como sigue por cargamento.

Pino de Tea.

Pino blanco.

Canadá.

Mantequilla.

Maíz.

Miles de caña.

Petróleo. Han desaparecido la reticencia y apatía que caracterizaron el mercado por algún tiempo, y los negocios parecen desenvolverse en seguridad y con aliento, a precios crecientes.

Las exportaciones desde el 1° de Enero hasta el 9° de Noviembre de este año han llegado a 493, 853, 536 galones contra 473, 580, 228 exportados en el mismo periodo del año anterior y 445, 759, 305 en 1884.

Brillante

Radiante

Peerles

Crudo.

Las especulaciones en certificados de "Pipe Line" subió repentinamente; los bajistas alarmados cumplieron sus compromisos y los precios cierran muy por encima de los de nuestra última Revista a 71 ½ por galón.

Pieles de Chivo.

[A continuación lugares y precios del producto]

Pieles de Venado.

[A continuación lugares y precios del producto]

Provisiones.—Los pedidos no han estado muy animados, sobre todo para la exportación. Los precios han oscilado, debiéndose en esto en parte a la inquietud y dudas causadas por la huelga de los empacadores de Chicago, que acaba de terminar con la vuelta de los huelguistas a las casas de empaque, al ver que no podían imponer sus términos, y corrían riesgo de perder sus puestos, solicitados por nuevos operarios.

CARNE DE PUERCO: En calma.

[A continuación lista de tipos de carne y precios]

Salitre.

Tabaco. Las transacciones han sido poco activas en la hoja de semilla, más por falta de ofertas deseables que por otras causas. Se cotizan de 4 a 6 cts. por libra.

Tagua.

Zarzaparrilla.

Fletes. Los fletes quedan firmes, con oferta moderada, sino escasa, lo que sube su precio que no enseña tendencia a la baja. Mejora el de Madera para el Río de la Plata, y se ha hecho contrato a 9 tonelada de Boston a Buenos Aires. Por fletes de petróleo la demanda es viva, con escasa oferta. Para el Brasil los negocios siguen en calma.

Cablegramas al Economista Americano

[A continuación cablegramas de Londres, Liverpool, Paris, Rio de Janeiro, y Manila]

"Revista del Mercado" *El Economista Americano* nov. 1886 p.9-10. (Original en el Ibero-Amerikanisches Institut, Berlín)

[Anuncios publicitarios]

[1]

Kingland & Ferguson M'F'G CO.,
St. Louis, Mo., U.S.A
Fabricantes de
Trilladoras de trigo, arroz y otros granos
Descascaradoras, acerradoras, (de seis tamaños)
Desmontadoras y prensas de algodón, Caballos de Vapor.

Los grabados de arriba representan nuestras trilladoras y descascaradoras. Las descascaradoras son las únicas máquinas de su clase en el mundo que desgranan la mazorca sin quitarle las hojas lo mismo que con las hojas quitadas y dejan el maíz pronto para entrar en el mercado.

Nuestras trilladoras de trigo y arroz no reconocen superior en su género y están consideradas como las máquinas más simples, durables, y económicas en uso.

En el extranjero han obtenido una acogida unánime. Se solicita correspondencia. Pídanse catálogos descriptivos.

Diríjanse a Kingland & Ferguson

[2]

John Stephenson company
   New York   E.U.A.

ELEGANCIA, LIGEREZA Y DURACION, SUPERIORES

Como resultado de 50 años de experiencia.

Adaptables en todos los países y climas. En ellos se hallan combinadas todas las mejoras más valiosas. Se embarcan con el mayor cuidado y bien acondicionados a donde se quiera, y a los precios más módicos.

Constructores de carros de tranvías

[3]

Invención utilísima

Belleza de luz y ahorro de gas

Lámparas nuevas para establecimientos, oficinas, casas, corredores y zaguanes.

[dibujo de la lámpara]

Lámpara de oficina y Establecimiento

La lámpara de gas incandescente.

Con tubos de níquel y quemador de dos bocas produce doble luz que las lámparas conocidas.

La luz de la **lámpara de arco incandescente,** es tan brillante, blanca y pura como la luz eléctrica, y más apacible y sostenida.

[dibujo de la otra lámpara]

Lámpara pequeña de bombillo

Con la lámpara de arco incandescente se obtiene **doble cantidad de luz** que con las lámparas usuales, **por el mismo precio.**

La lámpara en sí es bella y sus partes todas de la mayor limpieza y elegancia.

Hay lámparas grandes y pequeñas, de pantalla y bombillo, con el número de quemadores que se quiera.

Se colocan con la mayor facilidad, sin necesidad de operarios. Los negociantes que deseen obtener en cantidades este excelente invento pueden dirigirse a

P. Phillipson & Co.

[4]

Teléfonos acústicos "El Eco" para líneas privadas.

Cualquier persona puede instalarlo y hacerlo funcionar, siguiendo nuestras instrucciones.

Las conversaciones se trasmiten perfectamente a distancias considerables. Garantizamos que este teléfono funciona con grandes resultados en las ciudades en líneas de dos millas de extensión.

En el campo, donde hay menos obstáculos, funciona bien a distancias mayores.

Este teléfono es superior a cuantos teléfonos acústicos existen.

PRECIO DEL TELEFONO ECO......12.50

Id   id   id   con llamador magnético y

pieza de descanso de nogal o caoba.......25.00

PRECIO DEL LLAMADOR MAGNETICO, que puede usarse solo...........................11.00

alambre de acero, 100 pies en libra, por lb. $..50

alambre de "phosphor bronze"

110 pies en libra por lb..................$.80

El teléfono está completo en sí sin el llamador, pero con este reemplaza enteramente el teléfono electrónico, sin sus inconvenientes.

[ilustración del teléfono acústico "El Eco"][11]

[Anuncios publicitarios] *El Economista Americano* nov 1886. pág. 10 (Original en el Ibero-Amerikanisches Institut, Berlín)

---

[11] Este teléfono es el mismo al que le hace publicidad otra crónica de Martí en este libro titulada "Teléfono". En el llamado "experimento" la voz en los teléfonos eléctricos llegaba triste "como voz de pigmeo". Sin embargo, en los teléfonos "acústicos" llegaba "perfecta".

www.ingramcontent.com/pod-product-compliance
Lightning Source LLC
Chambersburg PA
CBHW051051230426
43666CB00012B/2650